昭和食道楽

矢野誠一
絵―唐仁原教久

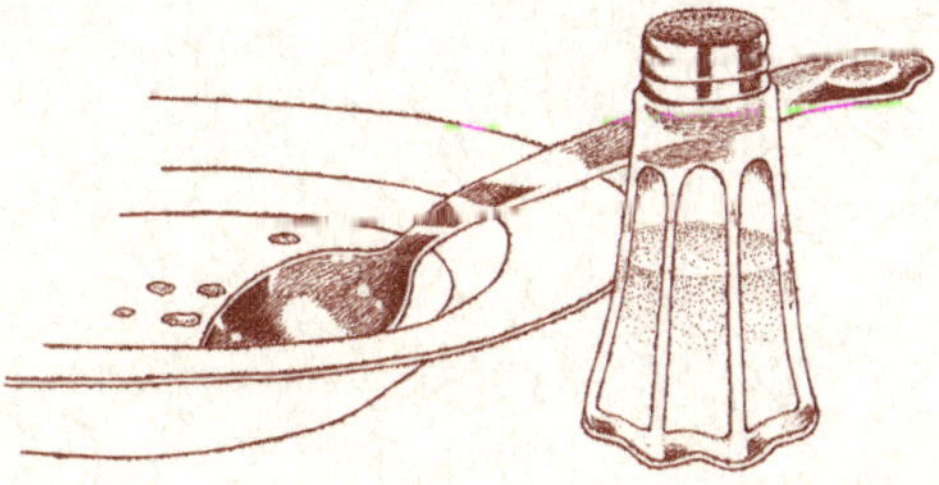

白水社

昭和食道楽

装幀＋イラストレーション　唐仁原教久
デザイン　最上さちこ

目次

アイスキャンデー

いま私の住んでいるところは、地番表示でいう足立区新田《しんでん》で、ここに越してきてからもう三十年を越えている。隅田川の上流と荒川との分岐点に生じた中洲にあたり、むかしは文字通り陸の孤島で、東京オリンピックの開かれる以前は、渡しが往き来していたようにきいている。

越してきたころは、五階の部屋からサンシャインビルが日にはいるくらいで、周囲に高層ビルなどなかったし、冬の晴れた朝など遠く富士山がのぞめたものだ。ワンブロックほど離れた角に大きな空地があったのだが、間もなくそこに都立足立新田高校が創設された。道路に面して高い金網塀のはられたグラウンドでの、野球部員の練習風景が日常になり、昼日中仕事机にむかっていると、若さにあふれたかけ声が風に乗って耳を襲うのは、悪いものじゃない。

高校野球夏の甲子園大会の予選では、わが母校麻布高校といっしょで、都立足立新田高校は東東京地区に出場するのだが、わが母校が緒戦敗退をくりかえしているのに、都立足立新田高校のほうはなんとか一、二回戦くらいまでいくのがつねだった。部員の数も少なくないようだし、練習用グラウンドは広いし、施設もととのっているから、いずれもう少し強くなるだろうと思われていたのだが、二〇〇六年はなんと準決勝戦で強豪帝京高校に敗れたが、ベスト4進出を果たしてみせた。準々決勝の青山学院との試合など、急ぎの仕事そっちのけでMXテレビで観戦してしまった。いつの間にか地元贔屓《びいき》の心情が芽生えていたものとみえる。

東東京地区ベスト4進出いらい、気のせいか連日の練習にも一段と熱がはいっているように見受けるのだが、コンビニエンスストアでの小買物《こがいもの》の行き帰りに通りかかると、そんな練習風景を立ち止まって見ているひとが目につくようになった。

たまたまどこかの高校と練習試合をやっていたときなど、金網ごしのそんな観客が十人近くいて、熱い視線を送っていた。その日は時節にさからった夏日の日曜だったが、競馬中継の始まる時間を気にしながら、私も小一時間ほどその仲間に加わっていた。加わりながら、子どものころ何度となくこんな状況で草野球に興じていたことを思い出していた。そんな子どものころの風景と重ね合わせて、なにか足りないものがあると感じつつグラウンドをあとにして、競馬中継を見るべくテレビのスゥイッチを

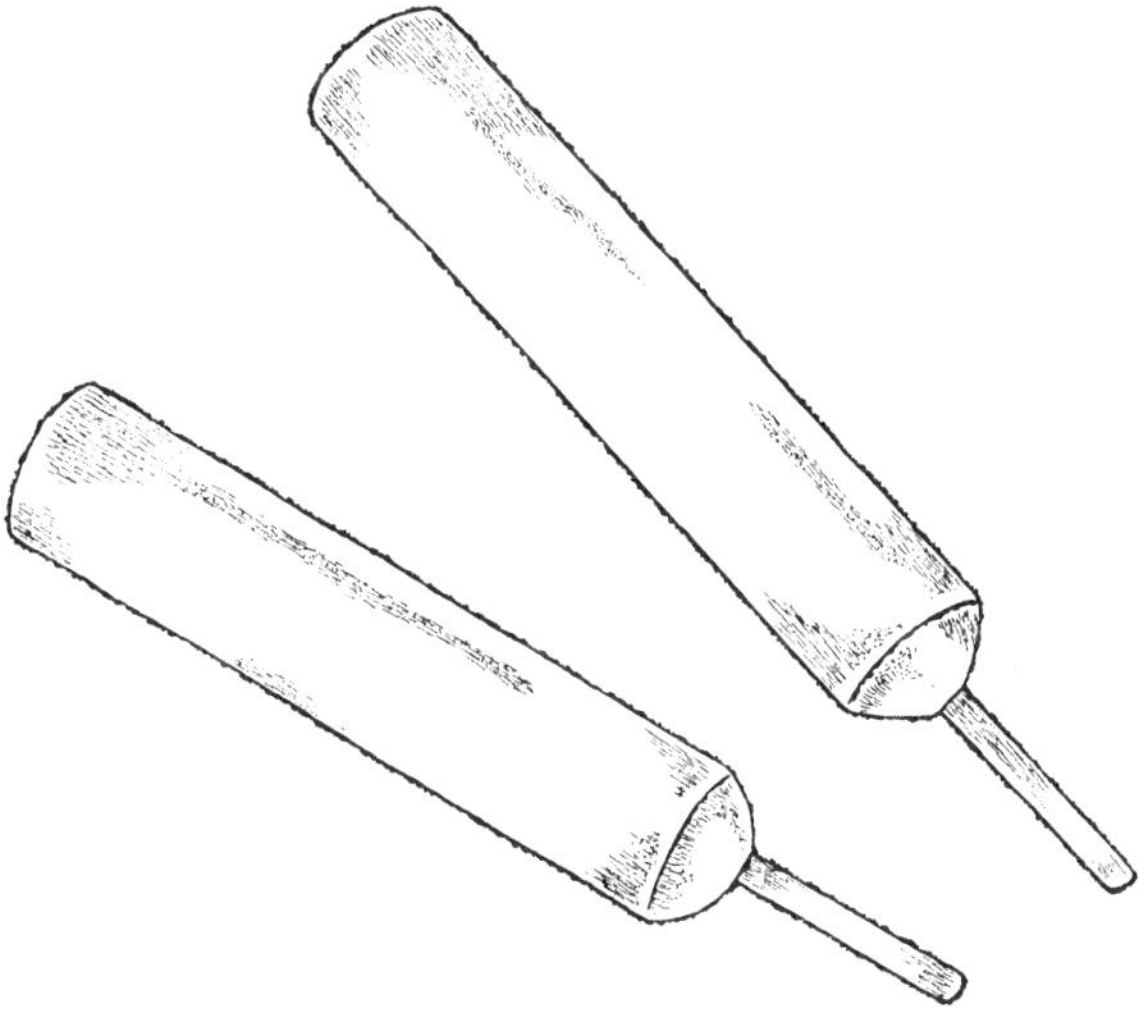

入れたら、真夏を思わせる快晴の大空が画面一杯にひろがって、とたんにその足りない風景の一齣があざやかに蘇《よみがえ》ってきたのだ。
そう、自転車の荷台に木箱をのせて、小旗を立て、チャリンチャリンと称していた鐘を手にしたアイスキャンデー売りの姿が欠けていた。
いまだ「歳時記」の季題に残されてはいるが、夏の風物詩でもあったアイスキャンデー売りを見なくなって久しい。およそどんな「歳時記」にも載っているアイスキャンデーだが、世にいう「風俗事典」のたぐいからは、アイスクリームにその席をゆずって、ほとんど無視されている。思うにこれはアイスクリームが、一八六〇（万延元）年咸臨丸の遣米使節団によってこの国にもたらされたという正しき由緒を誇るにひきかえ、アイスキャンデーは、山本健吉編『最新俳句歳時記　夏』（文藝春秋）にいう「果汁を円形棒状に凍結させたもの」で、「安直なので子供たちが好んで食べる」ざっかけなさによるものだろう。

それにしても子どもの時分、いや中学、高校に通うようになってからも、ひと夏でいったい何本ぐらいのアイスキャンデーを食べたことだろう。私たちの中学生時代はまだ占領下で、食べるものも充分には行きわたっていなかったのだが、そんな時代であればこそ一本五円のアイスキャンデーは、まさしく安直なるご馳走だった。

学校帰りの道草で、商店街の牛乳屋や焼芋屋、今川焼屋などが、夏になるとアイスキャンデーの旗をかかげ、店内にそなえた金属枠槽の内蔵された器械から取り出してくれるのだ。あの器械の多くが、氷と食塩を混合した寒剤を用いる回転式の最も簡便なるフリーザーであることは、愛用している本山荻舟『飲食事典』（平凡社）で知った。円棒、ものによっては角棒状に凍結する果汁は、いちご、メロン、レモンが主役で、ミルクとあずきはほんのちょっと高かったように覚えている。小沢昭一さんはもっぱらコーヒー党だったそうだ。

草野球のグラウンドで商売していたアイスキャンデー屋は、試合を見ているひとばかりか、チェンジの合間の選手たちも相手にしていたから、一試合終わるまでにはあらかた売り切っていたのだろうか。いずれにしてもさしたる利のない小商いで、年寄りの片手間仕事だったのだろう。そういえばこれもよき夏の風物詩だった金魚売りにも、年寄りが多かったような気がする。

草野球なんかじゃなく、プロ野球の観戦にもアイスキャンデーの欠かせない時代があった。無論まだ一リーグの時代、後楽園球場の入場料が五円二十銭だった記憶がある。となるとアイスキャンデー一本五円というのは、もう少しあとの時代となるか。とにかく電車賃をふくめて十円あれば、野球を観てアイスキャンデーを口にすることができたことになる。いまのナイターとちがって、ビールなんか売りにこなかったから、大人もアイスキャンデーをかじりながら野球観戦していたわけだ。

じつはこれが黒澤明の最高傑作だと私が思っている『野良犬』の封切られたのは一九四九年のことだが、この映画ではアイスキャンデーがうまく使われているシーンがふたつあって記憶に残る。

ひとつは志村喬の刑事がうだるような取調室で、ふてくされている千石規子といっしょにアイスキャンデーをしゃぶりながら訊問している場面で、数数の修羅場をくぐり抜けた刑事のしたたかな老獪さが、アイスキャンデーのしゃぶり方からうかがわれたものである。

もうひとつは、やくざを演らせて絶品だった山本礼三郎扮する指名手配されている野球好きの男の行方を追う志村喬と三船敏郎の刑事が、超満員の後楽園球場に張りこむ。スタンドのなかから男をさがし出すべく、アイスキャンデーの売り子に手配写真をくばり見つけ出すのだ。あのアイスキャンデー売りは、年寄りではなく学生アルバイト風だった。

『野良犬』と同じ年に封切りの新東宝映画に、『銀座カンカン娘』というのがあった。監督が島耕二で、灰田勝彦と高峰秀子、笠置シヅ子が主演だ。大流行した佐伯孝夫作詞、服部良一作曲による同題名の歌謡曲を映画化したものだ。あのころは、こんな歌謡曲映画がたくさんあった。後楽園球場に贔屓のフライヤーズの試合を観に出かけたら、試合前の練習中、「みなさま、私高峰秀子でございます」というナレーション入りのこの曲のレコードが、ひっきりなしに流されて、いやでもその歌詞を覚えさせら

アイス
キャンデー
アイス
3

れるはめになって、この映画だけはご当地の銀座で観ようときめて、そうした。なんという映画館だったか思い出せないのだが、画面のギャグに思わず吹き出し、かじりかけのアイスキャンデーを隣席の大人のズボンの上に落して叱られた、なんてつまらないことをよく覚えている。銀座の映画館にも冷房の設備なんかなかったのである。

あの時分の映画館では、休憩時間に中売りが場内を歩いたものだが、はなしにきいた「えェおせんにキャラメル、あんぱんにラムネ」という売り声ではなかったような気がする。いずれにせよアイスキャンデーはこの中売りからでなく、売店で求めたものである。

放課後の鞄をさげた制服姿で映画館をのぞくのが日課みたいな不良中学生としては、ただでさえ乏しい小遣い銭をやりくりして入場料をひねり出すのに頭を悩ましたものだが、学校にほど近い広尾商店街に、銀映座という松竹系の三番館があって、ここは入場料が免税点ぎりぎりの二円九十九銭だったので、ちょくちょく利用させてもらった。シミキン・堺駿二コンビの喜劇や溝口健二監督の名作『夜の女たち』などをここで観ている。

なにせ薄汚ない三番館とあって、売店があったのかどうか、そこらあたりの記憶はさだかでないのだが、夏はアイスキャンデー持参で出かけた。それというのが銀映座の少し先にあったかなり大きな牛乳屋が、夏になるとアイスキャンデーを売りだすのだが、牛乳屋だけにミルク専門で、これが滅法美味かった。凍結のぐあいもふつうのものよりしっとりとしたクリーム状で、悪童連中の人気商品だった。

有栖川公園のなかにある都立中央図書館に出かけた際、ほんとうに久し振りになつかしの広尾界隈を歩いてみたのが、かれこれ十五年ほど前であったか。予想はしていたもののすっかりさまがわりして、あの銀映座も牛乳屋も、あった場所すら見当がつきかねた。記憶にあるのはお寺だけで、なんだか浦島太郎の気分になった。

ところで、もうすっかり姿を消してしまった自転車の荷台に乗せた「アイスキャンデーボックス」とでもいうのだろうあの箱だが、まったくひょんなことから、思いもかけない誕生秘話のあることを知った。そのひょんないきさつの次第はこうだ。

アイスキャンデーが、アイスクリームを中心とした上質氷菓にとってかわられた原因は、一にかかって経済高度成長のおかげと言えるだろう。ならばアイスキャンデーもまた昭和という時代を象徴する食べものだったことになる。その昭和の時代が終わりを告げたとき、講談社から『昭和 二万日の全記録』という全十九巻のビジュアル・ブックが刊行され、なにかの資料にと求めて、時どきひらいては重宝させてもらったり、なつかしさにひたったりしている。

その最終巻におさめられた「総索引」を見ると「アイスキャンデー」と「アイスキャンデーボックス」の二項目がならんでいる。「アイスキャンデー」のほうは、一九五三年の四月二十五日、東京の気温が十七度をこえ、気のはやいアイスキャンデー屋が店開きしたという雑報だった。

面白いのは「アイスキャンデーボックス」である。一九四六年からアイスキャンデーを販売している、アイスキャンデー屋さんにしてはなにやらご大層な名の東京重機工業が、四十八年七月、小銃の銃底に使用していたくるみ材を利用したアイスキャンデーボックスを発売したのだという。碁盤目状の枠のなかにアイスキャンデーをならべ、溶けるのを防ぐため箱の底には氷と塩を入れたとある。この記事にはアイスキャンデーボックスの写真もあって、横腹の上下に「特製」「重機」とあるのにはさまれて、雪化粧されたアイスキャンデーの文字が描かれている。軍需用品の材料が平和到来でアイスキャンデー用の冷蔵箱に利用されたなどは、やはりこれ昭和ならではであるまいか。

二〇〇七年の五月二十四日は、さわやかな初夏そのものの日よりで、空気もかわいて気持がよかった。永井荷風『濹東綺譚』にかかわる仕事の打ちあわせをかねて、某社の編集者ともども東向島に東武博物館を訪れた。お目当は「東向島界隈のうつりかわり」と題した、東向島駅改良工事完成記念写真展である。東向島駅は言わずと知れた旧玉ノ井駅で、荷風の愛した迷路で名高い私娼窟のあったところだ。

しばしタイムスリップした世界にたたずんだあと、浅草に出て、まさに看板に灯のともったところのアリゾナに席を得た。ここも荷風ゆかりの洋食屋である。いまどきがいちばん生ビールのうまい時期とあって、ふだんだったら一杯のんだあとはほかの酒にきりかえるのに、三杯のんでしまった。これからまた会社に戻らねばならないという編集者とアリゾナを出て、まだ日が暮れきっていない。

編集者と別れて、さて次なるところを思案していると、目の前にコンビニエンスストアがある。コピイをしなければならない用事を思い出し、何通かのコピイをとって、使い残りのコインを取り出すべく身をかがめると、すぐ前の冷菓用ボックスから冷気がたちこめている。瞬間的にアイスキャンデーにこころがうごき、ガラスの蓋をあけてさがしてみたのだが、アイスクリームまがいの、いずれもキャンデーより高級感のある氷菓ばかりだ。あきらめて蓋を閉じようとしたとき、いちばん隅にひっそりと身をかくすようにしているいちご色の包装袋が目についた。抜き出してみると「なつかしのアイスキャンデーいちごみるく味 果汁5％」とある。

大の大人が、こんなもの一本レジに出すのが恥しくもあったが、「希望小売価格一〇〇円（税込）」とあるその通りを支払ってビニール袋に入れてもらった。「プラ」とあるからにはプラスチックなのだろう、リサイクルマークのついた包装袋がなかなか泣かせる。

麦ワラ帽子、セミしぐれ
あの懐かしいアイスキャンデー
そんな思い出の味を
お楽しみください。

と刷ってある。「内容量110㎖」の製造者は、宇都宮市の食品会社だった。宇都宮といったら吊天井に瓢箪、干瓢、それに餃子が思いうかぶところだが、アイスキャンデーというのも、なんとなくらしくもあって、悪くないじゃありませんか。

さてはて、待望のアイスキャンデーを手にしてみて、はたと困った。いったいこれをどこでひとりなつかしさにひたりながら食べればいいのか。火点し刻とは申せ、浅草雷門は天下の雑踏。おまけに浅草には、知った顔も少なくない。誰かの目にとまって、「あんた、道ばたでアイスキャンデーかじってたでしょう」なんて、あまりみっともいいものじゃない。それでなくても「歩きながらものを食べるのは乞食ぐらい」という教えを受けた世代である。かといって、しかるべきところまではこんでみても、溶け出すこと必定でアイスキャンデーがアイスキャンデーでなくなってしまう。

われながらいい思いつきだったと思う。浅草神社の境内ならば、三社祭も終わったことだし、観音様のにぎわいをよそに、大人がひとりしずかにアイスキャンデーをしゃぶるの図には、格好のお膳立がそなわっている。万太郎の名句、

竹馬やいろはにほへとちり〴〵に

の句碑を背に、存分に味ったなつかしきアイスキャンデーだった。肝腎のお味のほ

うだが、原材料名、生乳、砂糖、いちご果汁、乳製品、水あめ……というのが、なんだか贅沢に過ぎていて、あの時代色があざやかに蘇るというわけには、残念ながらいかなかった。

塩煎餅

一九七五年だから、もう三十六年もむかしのはなしだ。

「毎日新聞」に特集版編集部というセクションがあって、別刷の「日曜くらぶ」の編集にあたっていた。部長は定年後のいっとき財団法人都民劇場の理事をつとめた中村侔だったが、写真をふくめたほとんどが外注で占められていた記事による紙面づくりのほうは、次長だった福田淳にまかせきっていた。社内での福田淳の綽名がポン中というのはよほどあとになってきいたはなしだが、とにかく無類の読書家でミステリに目がなく、ロバート・B・パーカーの名を私に教えてくれたのも彼だった。そんなこともあってか、その時分の「日曜くらぶ」はずいぶんと恣意に委ねられた編集で、おなじ「毎日新聞」の学藝欄とはひと味ちがった紙面で、異彩を放っていた。署名、無署名、匿名、イニシアルと使い分け、ずいぶんいろいろの仕事をさせてもらった私が、毎週原稿をとどけに訪れる特集版編集部は、編集局にあって治外法権下の一隅のようにうつった。

いまでもあれは「日曜くらぶ」のヒット企画だったと思うもののひとつに、「ホビー」がある。その時分の『広辞苑』には、「ホビー hobby 趣味、道楽。」なんてまだ載っていなかった。各界のひとに登場してもらい、それぞれのホビイへの蘊蓄のほどと、あつい思いをさぐろうというもので、一年ほどつづいたこの欄のほとんどを、カメラマンの田辺幸雄ともども担当させてもらった。おかげで真鍋博に古地図の見方を教わり、加山又造にゴルフクラブの自己流改良法をうかがい、城山三郎と上野動物園でひと時を過ごし、尾上多賀之丞から篆刻の楽しみに加えて、六代目尾上菊五郎の逸話の数数をきき、朝の六時に江戸英雄の自宅ガレージ屋上菜園での百姓仕事にふれたりと、思いもかけない体験をいっぱいすることができた。グルメブームの先駆け役をつとめた映画評論家荻昌弘を訪ねて、「コーヒー好日」と題した珈琲談義に耳かたむけたのも、そんな仕事の一環だった。

さがし出した古いコピイによると、たしか大塚にあった荻家訪問は師走にはいった頃合で、このときの取材に福田淳も同行したのは、映画やミステリのはなしがしたかったからだろう。映画やミステリのはなしが出たのかどうか、さっぱり覚えていない始末だが、手なれた段取りよろしくフランネルのドリップ式で淹れた、ブラジルをべ

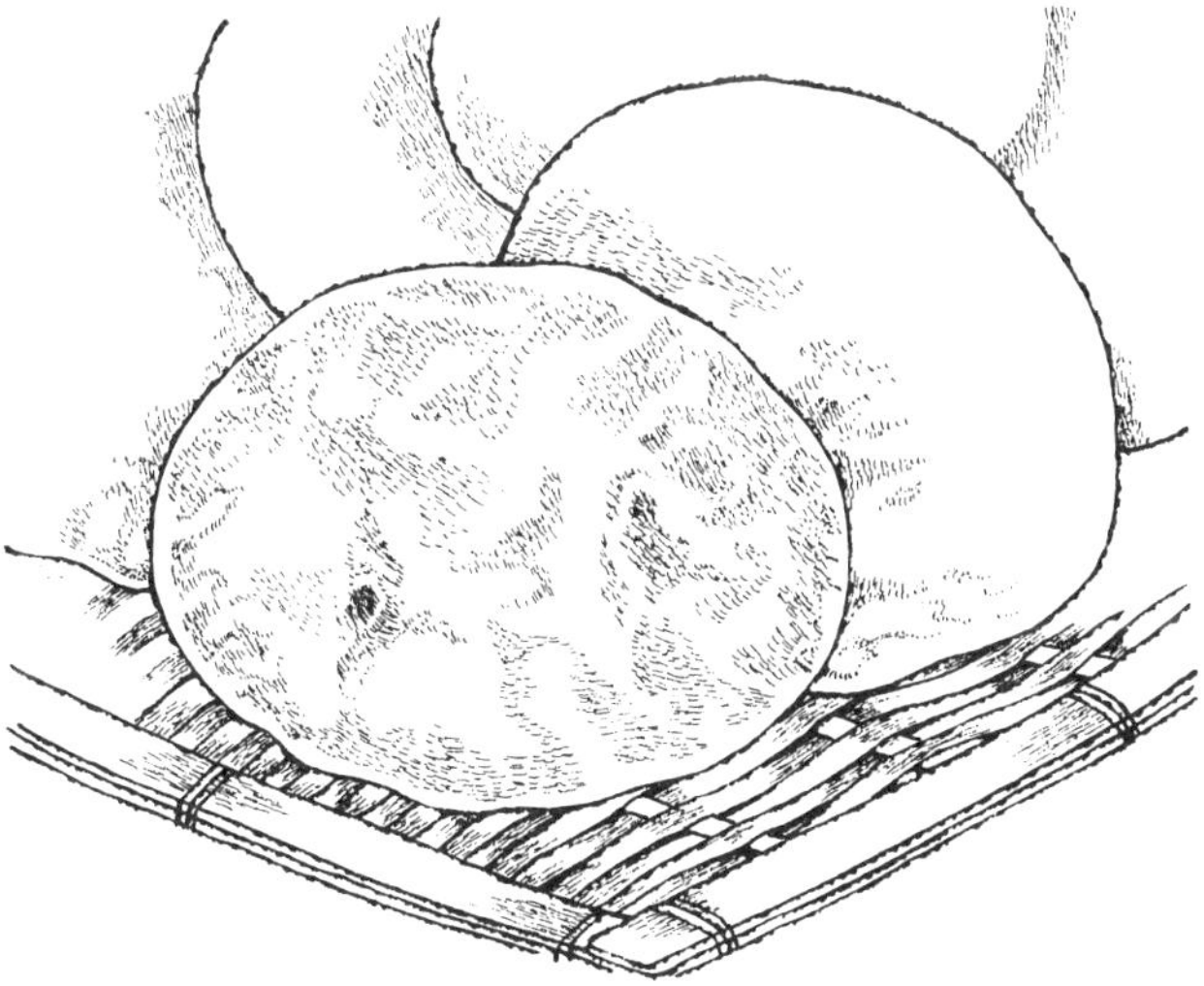

ースにコロンビア、モカによる自慢の「マイブレンド・コーヒー」が絶品だったことは、とてもよく覚えている。荻昌弘というひとは、ひと前で夫人のことを「奥さァん」と呼ぶのだが、その奥さんが、「よろしかったら」と出してくれたのが、朝店をあけると行列ができていて、焼きあがるのを待って有難く売っていただく、浅草はすし屋通りの有名店の手焼煎餅だったこともよく覚えている。これがほんとの東京の煎餅だと、なつかしい味を楽しむにも、なにかと厄介な手間のかかる時代がすでにきていた。

　子どものころ、どこの家に行っても

煎餅があって、出してくれたものだった。子どものおやつに格好だったというより、常備してある菓子といったら保存のきく煎餅くらいだったのだろう。大家族のところばかりか、遊び相手になる子どものいない隠居した年寄夫婦のところなんて、ともなわれてる子どもにとって退屈きわまる訪問先でも、そんな退屈をまぎらわすせめてものなぐさめになる煎餅が、ちゃんと用意されていた。その缶におさめられた煎餅のしまい所だが、茶の間の違い棚わきの小物入れだったり、観音開きの小さな押入れだったり、長火鉢のいちばん下の引き出しだったり、それこそいろいろだったが、そのしまい所にそれぞれの家風のようなものが、子どもごころにも感じられたものである。

どこの家にも煎餅があったように、小体《こてい》な煎餅屋も東京の町にはたくさんあった。ひとつ町内に一軒くらいの割であったのではなかったか。

六・三・三制の学制改革のあった一九四七年に麻布中学に入ったのだが、東京は東京でも山の手しか知らずに育った身に、下町住まいの生徒の身についた垢抜けしたセンスには、強い刺激を受けたばかりか、たちまち影響されたものである。通学用の肩鞄ひとつにしても、山の手の子はきちんと斜めにかけるのに、下町組はショルダーバッグよろしく片方の肩にかけるのだ。夏になってワイシャツ姿で登校するのに、いちばん上のボタンははずしておいたほうが格好いいことを教えてくれたのも下町の子だった。

そんななりかたちもさることながら、下町育ちの多くが子どもの時分から親の手にひかれ、歌舞伎、寄席、相撲見物などを体験していることにはびっくりした。びっくりして、手引きされるままに、放課後の肩鞄下げた格好で、映画館に出入りしたり、寄席の木戸をくぐるなんて悪さをじきに覚えた。

そんな悪事指南役だった下町組のひとりに、ふだんの会話に歌舞伎の台詞、浄瑠璃や小唄の文句、落語の一節を使い分け悦に入っているのがいた。学校の成績のほうはいつもブービーが定位置だった私とチョボチョボなのに、洋の東西を問わずこと藝についてのもろもろに関しては、どうしゃっちょこだちしてもそいつにかなわなかった。チョボ、七三、松羽目なんて舞台用語から、パティ・ペイジ、マレクウェーバーなんて西の固有名詞にいたるまで、みんなそいつに教わった。

鉄砲洲あたりに住んでいたそのわが師範役が、煎餅屋の一人息子だったのだ。親父さんは腕のいい職人だったらしいが、戦時下の統制による物資不足を引きずって、開店休業状態の店には、「ここが煎餅の買いどころ」という古ぼけた看板だけが残されているようにきいた。

一九五三年に併設された高校をなんとか卒業させてもらって、さらに三年ほどして開かれたクラス会に出席した大半が大学に進学していて学生服姿のなか、もう店はつぶれたと言っていた煎餅屋の倅は、派手なストライプのシャツ、シャークスキンの裾巾七インチぐらいのマンボズボンに、バックスキンの細身のベルトを締め、これまたバックスキンの短靴姿で颯爽と現われた。それからまた数年がたって、同窓会の名簿を見るとそいつの住所欄が空白になっていて、ひとづてにきいたところでは、ふとした病いであっ気なく世を去ったらしい。三十になるやならず、勘平さんといっしょというのが、彼らしくて泣かせる。

それにしても「ここが煎餅の買いどころ」という看板、なんとも下町の煎餅屋の心意気が感じられて悪くない。結句となっている七五の上に、前句付よろしく七七とつけて、粋な都都逸を詠んでみたいと試みているのだが、まだ果たせない。

ところで先程から私は「煎餅」と書いているが、東京の人間が煎餅と言ったら、これはもう「塩煎餅」のこととする暗黙の了解があるのだが、大阪の人はそうでないらしい。東京で言う塩煎餅は「おかきの一種」で、「せんべい言うのは別や」とすましている。ねんのため『広辞苑』で「せんべい」の項を引いてみたのだが、

塩せんべい
せんべい
ごま入
塩煎餅
のり入

①塩煎餅のこと。②干菓子の一種。小麦粉または粳米《うるちまい》・糯米《もちごめ》の粉に砂糖などを加えて種を作り、鉄製の焼型に入れて焼いたもの。古来、大衆的な菓子として好まれ種類も多い。米菓《べいか》。おせん。〈和名抄一六〉

とあって、ちゃんと塩煎餅が第一義のあつかいである。この『広辞苑』は一九九八年改訂の「第五版」だが、そろそろ買いかえねばと思いながら長らく使用しつづけていた、七六年の「第二版 補訂版」のほうには、第二義の干菓子に関する簡単な説明のあとに、「東京では多く塩煎餅をいう」と、そっ気なく記されていた。新村出文学博士は山口県の人ときいていたから、塩煎餅の扱いが低いのかなどと、東京人といたしましてはいささかひがんでいたのだが、「東京では」と断ることなく、煎餅イコール塩煎餅が本来と、晴れてお墨付きを得たようで、わが塩煎餅のためにもこんなに喜ばしいことはない。喜ばしさついでに、その「しおせんべい」の項を見ると、

焼物菓子の一。粳米《うるちまい》の粉を水でこねて蒸し、餅のように搗いて薄くのばした

ものを型で打ち抜き、乾燥させて焼いた後、醬油だれで付け焼きにする。

と、その製造法まで記されていた。ことのついでに大阪人のいう「おかき」即ち「かきもち」のほうも引いてみました。漢字で書けば「欠餅」だと初めて知ったが、「正月一一日に取り下げた鏡餅を、刃物で切ることを忌み、手で欠いて小さくしたもの」という第一義の説明でまずは納得。そして、

②餅を薄く切って乾燥したもの。あぶり焼いて食す。③あられもち。〈物類称呼〉

とある。

典拠となっている『物類称呼』の岩波文庫版の表記では「掻餅」だった。いずれにしても東京人のいだく「せんべいイコール塩せんべい」の図式は、なんとか全国共通の認識を得たような按配なのは、まずはご同慶のいたりといったところだ。

ひところ流行った語法に従えば、「たかが煎餅、されど煎餅」で、『広辞苑』はともかく、滅多なことでは手になどしない『物類称呼』にまで目を通した行きがかりで、

東洋文庫版の人見必大『本朝食鑑』と寺島良安『和漢三才図会』、それに喜田川守貞『守貞謾稿』の岩波文庫版『近世風俗志』にまであたってみることにした。その表記だが『本朝食鑑』の「餅」の項目には「乾餅」とあり、『和漢三才図会』ははっきり「煎餅」とうたっていて、ともにその製法まで記されている。『近世風俗志』の「餅」の項には「欠餅」とあり、その語の由来が書かれているだけで、製造法にまではふれていない。ふれていないがこの項に、古今亭志ん朝の名演がいまやなつかしい「幾代餅」について、「余が聞きし所は、吉原の娼幾世と云ふ者、花街を辞して後、始めてこれを売りし故に名とすとなり」と、そっくり志ん朝演出の典拠が記されていたことに、ちょっとした拾い物をした気分を味わった。

それにしても東京には塩煎餅好きが多い。本や新聞を読むとき、仕事をするとき、煎餅の缶が手もとにないと落ちつかないという輩を、何人も知っている。そうして、そんな煎餅好きが口をそろえてこぼすのが、近ごろは昔ながらの味のする美味い煎餅を手に入れるのがむずかしくなったという愚痴である。

いわゆる高級銘菓の老舗あたりが、一枚一枚和紙の袋におさめて、デパートの名店街などで売っている手焼煎餅と称するものがあって、たしかに上品なお味ではあるが、煎餅好きに言わせれば「京都の干菓子じゃあるまいし、あんなもの煎餅じゃない」と、こうなる。かと言って、それこそたかが煎餅、荻昌弘家で出されたもののように、行列つくって有難く売っていただくほどの手間をかけるのは、流儀にあわない。その行列のできる煎餅屋と道ひとつへだてたところに、お値段のほうはそこより安くて味もそこそこの、やはり老舗の煎餅屋があって、こちらのほうには行列ができない。判官贔屓を自認する女漫才師の長老は、時どきこの店の包装紙にくるまれた煎餅をこれ見よがしに手にして、行列のわきを行ったり来たりしたそうだ。

先程から昔風の味のする煎餅と書いているが、いったいどんな煎餅がそうなのかというと、これがそれほどむずかしいことではない。まずは手焼であること。それも炭火の上を長箸使ってひっくりかえしながら焼く式のもので、上から鉄の重しで押しつけて平らにするのは感心しない。蟇《がま》の背中よろしくいぼいぼができてなくては、煎餅の名が泣こうというものだ。そしてこれがいちばんの肝腎かなめなのだが、つける醤油が辛口で、香ばしさのあることだ。

落語『道具屋』の与太郎は、土がやわらかくて穴掘りは楽な田圃《たんぼ》の興立寺《こうりゆうじ》で親父の葬式を出したのだが、会葬御礼のお菓子の切手は煎餅の袋で安直にすました。おそらくそのあたりのなんでもない煎餅屋であつらえたのに相違なく、またひと昔前には、うまい手焼の塩煎餅のそれこそ「買いどころ」がいくらでもあった。

中学校の先輩になるフランキー堺との初対面のとき、「『嬉遊笑覧』をお読みなさい」と言われて、「読みました」と可愛くない返事をしたことを後悔しているのだが、岩波文庫化されたその喜多村筠庭『嬉遊笑覧』に、

又塩せんべいといふもの、むかしの煎餅にて（沙糖は入《いる》も入らぬも有べし）、廃れて後、近在には稀に見えしを、この頃は江戸にもはやりて、本所柳島辺にて多く作り、処々の辻にてだくわしと同《おなじ》く売。この故に近ごろ神仏の縁日に罌粟《ケシ》やきとい ふものすくなくなれり。

とある。

罌粟やきはともかく、「神仏の縁日」というところに、いい煎餅屋の現存するヒントがあるように思われる。与太郎が会葬御礼を煎餅の袋で間にあわせた例もあることだし、神社仏閣の門前町にはいい煎餅屋が、「ここが煎餅の買いどころ」とばかしに

店をかまえているに相違ない。

かくして金龍山浅草寺を振り出しに、谷中の寺町、羽田の穴守さま、巣鴨のお地蔵さん、私が年に一度税金の申告に足をはこぶ西新井大師、寅さんの生まれ故郷柴又の帝釈天、エトセトラ、エトセトラ……と、ちょっとした古刹巡礼をかねた煎餅巡礼の小さな旅に出た。煎餅たずねて数十里である。

やはりここが名門中の名門とされている浅草はすし屋通りの煎餅屋。さすが昨今では行列もできず、手軽に買うことができるのは有難いが、いつの間にやら結構なお値段とはあいなった。たかが煎餅に投ずるにはふさわしからぬお値段で、こういうのは家風にあわない。それに、これが店の売物でもあるのだが、あの堅焼ぐあいがこの節めっきり衰えてきたわが歯牙のぐあいに、あまりふさわしくない。

そんなわけで、わが煎餅巡礼のあげくここが一番の好みは新井薬師の小店のもので、ひと口かめば子どものころのもろもろが甦ってくるような気分に襲われる。同好の士たる小沢昭一さんも、この店がお気に入りの様子だ。

私があっぱれだと感じいるのは、並焼一枚七十円也というお値段を、消費税制度の導入される以前からかたくなに遵守していることで、こういうのを「いまどき奇特なこと」と言うのだろう。

油揚

漢字で書けば「油揚」だが、「あぶらあげ」なのか「あぶらげ」か、たいていの辞書では「あぶらあげ」の見出しに「とうふを薄く切って油で揚げたもの。あぶらげ」と、あぶらげのほうは俗称、あるいは別称扱いしている。無論、なかには「あぶらあげ〔油揚（げ）〕→あぶらげ」と俗称のほうを本見出しにしている国語辞典もある。

東京の人間はほとんどが「あぶらげ」と口にして、文字にするときは「あぶらあげ」としているが、これが関西文化圏になると、単に「あげ」あるいは「おあげ」、ひとによっては「おあげさん」と敬称つきになる。どうも食べ物の呼称に関して、東と西では語感だけではない微妙な感覚のちがいがあるようだ。少なくとも、食品や料理屋に敬称をつける習慣は東京人にはなく、食文化に対する姿勢は生まれながらに身につくものとするならば、これは徳川三百年を武家社会で過ごしたか、町人社会を構成してきたかという歴史的な背景までふまえた、都市論の問題になってくる。

むずかしいはなしはこの際学者先生におまかせするとして、芝居の世界の裏方、なかでも大道具の製作、かざりつけ、転換などに従事するひとたちのあいだで使われる専門用語というべきものにも、「あぶらげ」がある。無論食べ物ではなく、変形の二重のことだ。

変形の二重と申しても、ふつうのひとには肝腎の二重がはてどんなものやら見当がつかないはずである。舞台用語で二重というのは、劇場常備の定式大道具のひとつで、舞台にかざる家屋などの土台に敷くものだ。つまり二重を敷くことによって、平舞台よりも一段高く見えるしかけで、いろいろの高さがあるが、最も多く用いられるのが尺高即ち一尺高のものだ。大きさは「さぶろく」と称する三尺掛ける六尺の畳一畳分が基本。ときとしてこの二重に組合せて、三角状の変形を使うことがあり、これを「あぶらげ」とよんでいるのだ。

小学館から全二十巻と別巻からなる『日本国語大辞典』の刊行が開始されたのは一九七二年のことで、喉から手が出るほどほしかったが手許不如意であきらめた。二〇〇四年に全十三巻と別巻に編成がえされた第二版を、手許不如意は相変らずだったが、たしか二十二回払のローンで求めた。さすがというべきか、当りまえというべきか、『広辞苑』でも『大辞林』でも「あぶらあげ」で無視された「演劇に使う三角

形に作った木の台。一辺は三尺か六尺が多い。」という大道具に関する記載が、第三義としてちゃんとあった。ついでに記せば、『広辞苑』も『大辞林』も「二重」については、「二重舞台の略」という説明がこれも第三義にあって、追込項目にその二重舞台について記されている。

一九五五年のはなしだ。

二十歳そこそこ、明日の演劇界を背負って立とうと、気宇だけは広大な嘴の黄色い生意気盛りで、小さな劇団に首つっこんでいた悪友たちとつるんで、芝居の裏方などやりながら小遣いかせぎを重ねていた。そんな悪友のひとりが持ちこんできた仕事というのが、当代一流の大劇作家三好十郎率いる戯曲座という劇団の、東京駅八重洲口にあった国鉄労働会館ホールで公演する芝居の大道具製作を請け負うというものだった。大枚になることを目論《もくろん》で何人かが集められ、悪友の知りあいの大道具の親方の世話で、深川あたりの材木屋の作業場の片隅を借り、徹夜まじりの三日間ほどかけて大道具一式こしらえあげた。仕あげの色ぬりだけは専門家の手を煩わせたように覚えている。

かくしてオート三輪で会場にはこびこんだ大道具を、舞台稽古に間にあわすべくかざりこむのだが、とっかかりの二重を敷きつめる段階でどうもぐあいがおかしい。あぶらげの組合せがうまくいかないのだ。ジグソーパズルの一片がおさまらないようなものだ。気がつけば、あぶらげの蓋と底を逆に打ちつけているではないか。すでに化粧を終え客席で待機している役者衆のなかには、後年新宿ゴールデン街に名高い「まえだ」のママもいたはずだが、真中に陣取ったベレー帽かぶってパイプを手にした三好十郎から、「なにをやってんだッ」と叱責の声がとぶ。「どうもすみません」を連発しながら、あぶらげの底と蓋とを張りかえて、大幅に遅れてかざりこんだのは、冷汗ものだった。

それからしばらくというもの、油揚は目にするのもいやで、お稲荷さんの祠の前はよけて通った。だいいち河内山宗俊じゃないけれど、ひじき、油揚は野暮な食い物という頭がこちらにはあった。

そんな私の油揚に対するアレルギーを、ほとんど一瞬で払拭させてくれたひとがいる。彦六という隠居名で世を去った八代目林家正蔵である。じつにしばしばさしたる用もないのに、滋味にあふれた懐古談、世間ばなしがききたさに、小心居なる稲荷町の長屋を訪ねたものだが、たまたま遅い朝食を摂っているのにぶつかったことがある。「かまいませんからどうぞ」とあげられて、こちらはマキ夫人の淹れてくれたお茶などのみながら、師匠の朝食とまみえる次第となったのだが、味噌汁に加えたおかずが焼いた油揚だった。おかかと大根おろしがそえられていたように覚えているが、そんなことより「油揚の焼いたのくらい、酒によくって、おまんまにいいものはありませんね」のひと言が強烈だった。だいたい落語で「酒によくって、おまんまにいい」ときたら、まぐろの刺身というのが定法なのに、それを油揚というのがなんとも林家正蔵で、悪くないと思った。

いらい私も、この酒によくって、おまんまにいい油揚の世話になりっぱなしで、頭のなかの野暮な食べ物のイメージの、微塵もなくなったのは、林家正蔵というひとに好感をいだいていたからなのもさることながら、このひとからはほかにもいろいろ食べ物に関して教えられたからでもある。そんな林家の教えの一端なりとを披露すれば、オートミールは砂糖ではなくて塩味に限ること。のび切ってしまった蕎麦は、霧状にした酒を吹きかければ元に戻ること。せいろにひりついてしまった蕎麦の切れ端は、箸を直角に立てて用いれば簡単に取れること。などなど、じつにどうも大した教えじゃないけれど、それなりの知恵がある。ただひとつ、珈琲を淹れる際、インスタントコーヒーをほんのひとつまみ加えると、俄然味がまろやかになるというおまじないばかりは、まったく御利益がなかった。

油揚にはなしを戻せば、所詮はざっかけない食べ物だから、デパートの地下に出店のあるような名のある店で求めるのは邪道と考えたい。近所の豆腐屋で買うのが本寸法である。喇叭を吹いてやってくる豆腐屋があれば、言うことはない。調理法というのも大袈裟だが、おかか、大根おろし、葱、生姜の類一切なしで、ほどよくあぶったものにうす口醬油をつけるだけというのが、酒にもおまんまにもいちばん合う。シンプル・イズ・ベストというのは、なんにでも通用する名言だが、こと油揚の焼いたの

田中豆腐店
油揚

に関しては、申し訳ないが林家流より我流をもってよしとしている。

この国の食習慣には年中行事と結びついたものがいろいろあって、ハレの日にはご馳走を、それも沢山食べることで日常食と差をつけてきたのだが、そんなしきたりもお正月のお餅とおせち料理のほかは、だんだんと失われてきている。むかしながらの「ご馳走を食べる日の食べ物一覧」なるものがあって、それを見ると、

○一月七日――七草粥
○一月十五日――小豆粥
○二月節分――豆を撒いて、年の数だけたべる

につづいて、

○二月初午――油揚

とある。

二月最初の午の日は、いわずと知れたお稲荷さんのお祭り日。稲荷は田の神だから、農事始の二月に祝う。前の晩から提灯をかかげ、旗や幟を立て、地口行灯などをかざるのだ。なにしろ「伊勢屋、稲荷に犬の糞」と言われるほどで、全国津津浦浦お稲荷さんのない所はないとされるおなじみの神様で、その神様の使者といわれる狐は、祭神と同一視されるまでになっている。お稲荷さんの祠に油揚を捧げるのは、狐の大好物とされているからである。初午の日に人間様が油揚を食べるのは、そのご相伴にあずかろうという次第なのだ。

初午の日に油揚を食べる由来は、これでわかった。だが、山野に穴居して、主に兎、鼠を食し、夜間人里にあらわれ鶏などを襲うといわれる狐の好物が油揚というのは、俗説は俗説としても、そこにいささかなりとも根拠があるのだろうか。実際に狐が油揚をうまそうに食しているの図に、お目にかかったというお方がいるのだろうか。残念ながら狐が油揚を食べているのを見たことはないが、その名を借りたきつねそば、あるいはきつねうどんはうまいものだとつくづく思う。子どものころはいざ知らず、大人になってからはうどんよりも蕎麦をもっぱらにしている私だが、このきつねに関する限り、蕎麦よりもうどん、それも昆布出汁のきいたうす味の関西風が断然いい。

先ごろ世を去った神様、仏様の稲尾和久投手の連投で、西鉄が三連敗四連勝で巨人を破り、奇蹟の日本シリーズ制覇を果たした翌年だから一九五九年のことだが、五味川純平作、小幡欣治脚色の芝居『人間の條件』を持って、九州巡演の旅に出た。安井昌二、杉葉子、内田良平なんて一座で、まだ世に出る前の藤岡琢也もいっしょだった。姫路のええとこのボンといわれていた藤岡琢也の身につけるものの趣味、食べ物の好みすべてが関西風で、東京しか知らずに育った私などには、やることなすことに違和感を覚えたり、新鮮さを感じたりしたものだ。この巡業の車中でも、駅弁ぱくつく連中をよそに、京都駅で関西風のきつねならぬけつねうどんにありつくまで、一切ものを口にしようとしなかった。久し振りの薄味のうどんに目を細めながら、「東京の蕎麦の汁、見ただけでゲエが出ますのや」と言った。このとき、一見しただけでは頼りな気な薄い汁色のけつねうどんをすすめられるままいっしょに食べて、じつは参ってしまったのだ。これもひとつのカルチャーショックだったたと思う。

それからというもの、関西地方に出かけるたびに、けつねうどんを食べ歩いた。その時分の東京ではまだまだ関西風のうどんを食べさせる店はなく、いや一軒、虎の門のミルクホールまがいの店のメニューに関西うどんと称するものがあったけれど、本場の味を知ってしまった身には、まがいものじみていて満足がいかなかった。

道頓堀の芝居茶屋に生まれ、親の残した財産をお茶屋遊びで食いつぶし、大阪にいられない事情ができて、十五年ほど東京住まいを余儀なくしていたうれしい蕩児の友達が私にはいて、と書きかけたものの、もう故人であることだし名前を明かしてしまうが、そう三田純市からいろいろと関西文化について教わるところ大だった。蕩児だから当然のことながら口のほうもおごっていたその三田純市から、甘辛く煮た油揚をつかうけつねうどんの別口ともいうべき、味を加えていない油揚をそのままきざんで用いる「きざみ」と称するものもあり、酒のあと軽く食べるにはこちらのほうがふさわしいことも教わった。なるほど、さっぱりして油揚そのものの味の生かされているきざみには、それなりの味わいがあり、酒のあとならずとも、昼食のかわりに所望するのも悪くない。東京では絶対に味わえない雰囲気の、ジャンジャン横丁の立喰いだの、春木はもう閉鎖されたが園田あたりの草競馬や競輪場の食堂などでは、けつねよりきざみのほうが断然似合う。競輪場で思い出したわけではないが、色川武大というひともきざみうどんが好きだった。なにかの用事でいっしょに大阪へ行ったとき、「二度づけお断わり」の串カツと、きざみうどんのはしごをしたことがある。

ところで、おなじ豆腐の揚げたものでも、厚さのちがう厚揚や揚げ出しが、小料理屋や居酒屋のメニューにあって、酒によくっておまんまにいい油揚を出してくれるところのないのは、いったいどういうわけのものだろう。薄い油揚では金が取れないとでもいうのだろうか。むかし上野に、小絲源太郎の生家だという「あげだし」なるそのものずばりを名乗った朝湯にはいれる料理屋があって、吉原帰りの客で大層にぎわったかにきく。あげだしの油揚版では、安直にすぎて商売にならなかったのだろうか。

かねがねそんなことを考えていた折も折、「四季の味」No.50秋号で、小幡欣治の『「あぶたま」考』にふれて、吉原を舞台にした芝居を書いたとき、嫖客たちの立ち寄る「あぶたま屋」なる小料理屋を出したことを知り、納得のいく思いがしたものだ。しかも『広辞苑』にも『大辞林』にも載っていない、本山荻舟『飲食事典』にいう、

油揚を竪に二つぎりにし、さらに横に一分くらいにきり、卵をつぶして淡味に炒《い》ったのとともに鍋にいれ、醤油・煮出汁・煮切味醂で、あっさりと淡味に煮る。

料理というも大袈裟な「あぶたま」なる食べ物が、正岡容『明治東京風俗語事典』

（有光書房）や藤井宗哲編『花柳風俗語辞典』（東京堂出版）にも記載されていたと知るに及んで、油揚が小料理屋のメニューから姿を消したことと、戦後花柳界事情の変遷と、つかず離れずの微妙なる関係の存在していたことを教えられたのである。

蕩児の三田純市に言わせると、三業地周辺の食べ物屋はうまくなければやっていけないそうだ。そんな能書たれながら、肝腎のお座敷のほうには出入りかなわぬ身になった彼に案内された洋食屋、蕎麦屋、鰻屋など、なるほど知るひとぞ知るといった風情の小体な店が多かった。お値段のほうも当世流にいうリーズナブルなのは、いずれも家族で店をきりもりしてるからだろう。そんな小店のテーブルで、

「ここのコキール、なかなかいけまっせ」

と口にはこびながらの問わず語りを、芝居茶屋の伜によるものであるだけに、格別のリアリティを感じながらきいたのだが、

「女郎屋商売するよりも、その廓んなかで煙草屋やるほうが、うしろめたいンとちがう？」

というのは、ある種卓見だと思う。三業地の周辺で、遊客、蕩児相手の商売するのは、言ってみれば花柳界のおこぼれにあずかるわけである。ひとの褌で相撲をとるよ

うなもので、褌がこけたら自分もこける。

そう考えてみれば、たかが油揚ごときでおこぼれ頂戴に及ぼうなどとはいさぎよしとしない、とする論法もなり立つわけだ。なり立つけれど、油揚を小料理屋で出して悪い理屈はひとつもない。

とんかつ

九代目澤村宗十郎。

二〇〇一年に惜しまれながら逝った古風な女形だった。妖艶なその舞台もさることながら、このひとがある記者に語ったひと言は、まさに一世一代の名言として記録されてしかるべきだと考える。その名言。

「とんかつもいろいろと食べてみましたが、やっぱり豚がいちばんですな」

ラジオでもって、初めて落語をきいた私たち世代に、初代柳家権太楼というのはなんともなつかしい名前だ。戦後は失語症を患ったとかで見るかげもなかったが、戦時下の少国民にとっては、林家三平の父親七代目林家正蔵と双璧の爆笑王だった。その権太楼の十八番だった『とんかつ』にも、

「きょうは牛肉でとんかつをこしらえるってえことをききましたから……」

と、牛肉を持ちこんでくるおかしな奴が出てくる。

ことほど左様に、とんかつイコール cutlet と錯覚しているむきは少なくない。だ

いいちcutletの語義自体が『岩波新英語辞典』の「①（フライ用・焼肉用の）薄切肉②カツレツ：（肉・魚などの）薄型コロッケ」のように、すこぶる曖昧である。その点、毎度ご厄介になっている本山荻舟『飲食事典』の「西洋料理の一。鳥獣肉に衣をつけて揚げたもの。魚介の場合にはフライという」なる「カツレツ」の説明は、簡にして要を得た、見事なる日本的解釈と言っていいだろう。

そのカツレツの主流が、豚肉を用いる「とんかつ」となった歴史は意外に新しく、関東大震災以後だと言われる。一九二三年の関東大震災は、この国に一種の風俗革命をもたらすのだが、カツレツの主役を豚が奪うにいたった背景に、新時代昭和の象徴ともなったモダニズムの風潮も無視できない。ポークカツレツのポークすなわち豚を、「とん」と音読させたうえ、「勝烈」「勝礼津」「佳津烈」などとあて字の多いカツレツという日本的発音をもつ英語の略称と合成させたネーミングの巧みさが、その時代風潮にマッチしたのだ。なんでも宮内省の大膳職をつとめた島田信二郎が、上野の「ぽんち軒」のコックになったときの命名だときいたものだが、上野をとんかつ発祥の地とするのは、ここからきているらしい。

世にとんかつ愛好者が多いことは、俗にいう西洋料理のメニューから、それだけを

独立させた専門店といったら、とんかつ屋しか見当らないことでもわかる。職業別電話番号簿をひらいて、寿司屋と蕎麦屋に肩をならべていることに、おどろいた記憶がある。かくして、開国いらい「和洋折衷」という日本人の知恵が食品に及んだ日本的洋食として、カレーライス、コロッケと鼎立するにいたるのだ。

　そのとんかつに一家言あるむきがこれまた少なからずいて、いろいろと御託のほどをならべたてているのにふれると、そのひとたちに世代的な共通項があることにすぐ気づく。文人でいうなら小島政二郎、久保田万太郎、獅子文六、安藤鶴夫、吉田健一、古川ロッパなどなどいずれも明治生まれであることだ。ということは、とんかつがカツレツの主役をはるようになった昭和の初めに青春を謳歌していたひとたちで、彼らにとってとんかつは、われらが時代の食べものという思いが強くあったにちがいない。昨今の若い世代のひとたちに、ステーキ信奉があまりなく、むしろ焼肉のほうにそれが強いのと、ちょっと似ている。

ステーキで思い出したが、敗戦直後のこの国の歴史始まっていらい最悪の食糧事情のなか、野球やラグビーの早慶戦前夜には、両校のOBたちが、どこでどう手をまわしてか、それぞれの合宿所に大量の牛肉と豚肉を持ちこんで、ステーキとトンかつを選手たちに振舞ったという。ステーキはテキ、とんかつはカツで、敵に勝つというおまじないみたいなものだ。勝負の世界に、両チームがともに敵に勝つなどあり得ないはなしで、ご利益のほどは早か慶かどちらか一方にしかもたらされないしかけだが、食べたいさかりの身にはなんともうらやましく、お伽噺をきかされているようだった。敵に勝つの伝で、草競馬や競輪場の食堂のメニューで、カツ丼はもっぱら勝丼と表記されているのも、縁起かつぎの多いギャンブラーの気持を忖度《そんたく》してのものだろう。

カツ丼のほうは少し先にまわして、もうしばらくとんかつのはなしをつづければ、概してとんかつ愛好者には、ヒレよりもロースが好みというのが多いようだ。近ごろでは、身体にもいいとやわらかいヒレ肉を使って、それもぶ厚いのを揚げる技術も売りものにするところが増え、なかにははなからロースを扱っていないことを自慢気にうたう自称名店もあるが、私のまわりを見わたす限りでは、「脂身のあるロースでなくてなにがとんかつ」とする派が、断然ヒレ派を圧している。

そのロースも「たたけばのびるとんかつの肉……」という古い歌の文句よろしく、薄べったい人情紙とんかつをもってよしとするのが多い。「人情紙とんかつ」というのは久保田万太郎の命名のようにきいたが、日中戦争に散った山中貞雄の名作『人情紙風船』のもじりであるのは言うまでもない。『人情紙風船』を知らない若い世代の方がたも増えてきたので、あえて蛇足を記した。ついでにしつこく蛇足を加えれば、『人情紙風船』は『髪結新三』のもじりだから、「人情紙とんかつ」はもじりのもじりということになる。

人情紙とんかつを売物にしてたのは、たしか青山にあった某店だったように思うが、いつの間にか姿を消した。浅草の国際劇場の横手にあったなんとかいうとんかつ屋のように、大きさを古い度量衡にこだわって匁単位で表示していた、無論厚さが自慢の店は珍しくないが、薄いことを標榜したのでは商売にならないのか、青山の某店がなくなってから、幻の紙とんかつとあいなった。

紙とんかつをペチャかつと称していたのは漫才の内海好江で、大学の先生や役者など同好の士をつのり、幻となったペチャかつを、どこぞのとんかつ屋から職人を招いてこさえさせた、幻のペチャかつを食べる「ペチャかつの会」なるものを主宰して、何回か開かれたようにきいている。

何年か前から、ビヤホールの某有名チェーンのメニューに、「紙かつ」なるものが登場して、無論早速注文してみたが、紙かつと言ってもかなりの厚紙風で、もうひとつ満足がいかなかった。

これも大方の同意を得た好みで申せば、ヒレにしろロースにしろ、厚いのにしろ薄いのにしろ、甘味がきいてとろ味の濃い、あのとんかつソースなるものは、あまりいただけないと思うがどうだろう。とんかつは和芥子をつけて、ウスターソースをどっぷりとかけるのをもって本寸法としたいものである。無論そえるのは山と盛った千切りのキャベツだけで、かざりのプチトマトも、レモンスライスもいらない。とんかつにキャベツの千切りというのは、銀座の煉瓦亭の発明だそうで、日本郵船のコック長

大黒家
大黒

によるという、カレーライスに福神漬のアイディアと双璧をなすといったところだろう。そのキャベツの千切りだが、どこかの店で茗荷の刻んだのをまぜているのを供されて、これがなかなかよかった。キャベツ独特のほどよい甘味に加えて、軽い刺激がいいアクセントになっていたのだ。その店がどこであったか、どうしても思い出せないのは、物忘れするという茗荷のせいにちがいない。

鰻の白焼でお酒を飲んで、蒲焼でごはんを食べるというのが、酒のみにとってのささやかな贅沢と言えるだろう。これがとんかつとなると、ごはんを食べても食べなくても、酒のほうはビールに限るようである。べつに日本酒でも、焼酎でも、ウイスキーの水割でもかまわないようなものだが、とんかつに限ってはビール、それも生ビールよりも、できることなら壜ビールでいきたいと思うのは、私だけだろうか。逆の言い方をすれば、ビールのないとんかつなんて食べたいと思わない。だから夜芝居を観る前に、小腹にちょっといれておこうと思って、ときたま猛烈にとんかつが喰いたい気分に襲われても、芝居を観るのが仕事である人間が、仕事の前にアルコールはまずいと、ついついラーメンかなんかですます仕儀となる。

取材などで見知らぬ土地を訪れて、たまたま駅前食堂のようなところで昼食をとるはめになったとき、友人の劇作家清水邦夫は迷うことなくカツ丼にビールを注文するという。それがいちばん間違いがないというなが年の体験から得た結論だそうだが、その結論にいたるまで、さぞやいろいろと試行錯誤のあったことだろう。それにしてもカツ丼がいちばん間違いないというのは、その食味食感のほどを言い得てあまりある。

さてそのカツ丼だが、日本的洋食の最たるとんかつに、玉葱と卵をあえることで純然たる和食と化させたアイディアは、考えてみれば非凡だ。おかずとごはんをいっしょ盛りにして食べる安直簡便さが、この国独特の丼物の言ってみれば真骨頂だが、その嚆矢はかけ蕎麦にあるらしい。古来皿盛りされていた蕎麦に、丼を用いるようになったのは文化、文政（一八〇四～三〇）のころのはなしで、かけ蕎麦の誕生もそれによっているという。こんにち丼物と言えば、鰻丼、天丼、親子丼、玉子丼、それにわがカツ丼をもって丼物の大看板としているようだが、なかには穴子丼、カレー丼、さらにはサラダ丼なくしてなにが丼物とのたまうご仁もあったりで、いやはや囂《かまびす》しいことである。丼のかわりにお重を用いることで、値段に格差をつけるのが一般的というより鰻屋などはほとんどそうだが、丼で食うから丼物で、お重はやはり邪道であろう。

その数ある丼物のなかでも、カツ丼がいちばん間違いないとする清水邦夫説は、卓見だとあらためて思う。

カツ丼でいちばん最初に思いうかぶひとの名をあげれば、永井荷風をおいてほかにない。

永井荷風は一九五九年四月三十日に吐血して急逝するのだが、洋服を着たまま俯《うつぶ》せになって悶死している衝撃的な新聞の写真をよく覚えている。死の前日、市川市の京成八幡駅裏の食堂大黒家でカツ丼を食べて帰宅しているから、カツ丼が文字通りの最後の晩餐となった。

『斷腸亭日乘』を読むと、食糧難の戦時下にあって、しばしば八百善、錦水、天國、プリュニエ、中川などなど一流の旗亭におもむき美食を追い求めていた永井荷風だが、市川市の陋屋から、くたびれた背広に下駄ばき、こうもり傘に買物袋をたずさえたいでたちで、連日浅草通いにくれていた敗戦後は、昼食はアリゾナなる洋食屋、帰宅途上の晩餐は大黒家で過ごすのがもっぱらだった。戦時下の一流旗亭通いが敗戦後一転した、洋食屋や駅前食堂利用のざっかけない食生活といい、石川淳をして、「晩年の荷風はどうもオシャレでなさすぎる」と言わしめた風態といい、衣食に対する自らの姿勢をもって、一個人荷風は戦争という国家の事業と対峙してみせた。その死に先立つ二十七日前になる四月二日の『斷腸亭日乘』には、「晴。市川郵便局にて文化賞四十五萬圓受取。大黑屋《ママ》晝食」とあり、四十五万円という当時としてはかなり高額の金高と、安直な駅前食堂の対比が、なんとも面白い。

荷風は、大黒家ではときに天井のこともあったが、もっぱらカツ丼を注文していたようで、いわゆる出前を利用したことも多かった。部屋の片隅に、薄くほこりをかぶった丼が二つ三つ重ねて置かれてあったのを、訃をきいてかけつけた新聞記者が目にしている。

東京外國語學校清語科に学び、一九〇三年アメリカに留学、さらにフランスに渡り、五年後に帰国した永井荷風は、いわゆる美食家ではなかったが、食文化に対しても、外国生活の体験をふまえた、確乎たる見識をしめしている。『濹東綺譚』の「作後贅言」で、

わたくしは何事によらず物の本性《ほんせい》を傷けることを悲しむ傾があるから、外國の文學は外國のものとして之を鑑賞したいと思ふやうに、其飮食物の如きも亦邦人の手

によって鹽梅《あんばい》せられたものを好まないのである。

と記しているが、そんな荷風の嗜好が「邦人の手によって鹽梅せられた」はずのカツ丼に惹かれていくさまを、一九七七年に小沢昭一主宰の芸能座によって上演された「浅草キヨシ伝」なるサブタイトルのついた、井上ひさし作『強いばかりが男じゃないといつか教えてくれたひと』が展開している。

この芝居は、すでに斜陽化がささやかれてはいたものの、まだまだ戦前の東京というより日本最大の娯楽興行街の面影の多少なりともしのべた時代の浅草を塒《ねぐら》にしていた名物乞食キヨシを通しての、大衆社会化現象の犠牲となった感のある浅草への鎮魂歌で、この地ゆかりの人物が実名で大勢登場する。幕切れに「カツ丼」なる景があって、キヨシと永井荷風がカツ丼を食べているところに、昭和天皇が同席するという奇想天外な光景が出現するのだ。この場に出典係なる役の人物がいて、「この景における荷風の台詞は、すべて荷風全集から拾い出したもの」と言っている、その荷風の台詞をいくつか引いてみる。

・時間も人もすべて私を裏切る。だから私はカツ丼を好む。わかるか。
・カツ丼は私を裏切らないから好きなんですぜ。
・つまりさ、カツ丼というやつは店によってそううまいまずいの違いはないでしょう。これがお刺身とかステーキとかになればうまいまずいがある。
・民主主義の基盤は、というより平和のバロメーターはじつにカツ丼ですぜ。戦さがはじまるとカツ丼が姿を消しますもの。
・カツ丼は本当にいい。どんな店でも値段は似たようなものだし、質も味も同じだ。舌鼓を打って、満腹して、金を払って出てくるときはじつにいい気分のものですぜ。なかにはこっちを永井荷風だと知って「お代はよろしいです。そのかわりに色紙を」なんてやつがいる。不愉快ですぜ、あれは。
・フランス料理のカツレツと、日本古来の丼めし、こいつを結びつけて「カツ丼」をつくったのは浅草ですぜ。コロッケしかり、カレーライスまたしかり。つまりさ、大衆のレベルでの西洋文明の折衷は、すべて浅草がやってのけたんですわ。

この芝居を観て、劇中の出典係の言ったのを真に受けた私は、「荷風全集」にあたってカツ丼論の出典をさがし求めた。結果は徒労に帰して、井上ひさしのしたたかなる作劇術に翻弄されたことを知ったのだ。

チューインガム

　これも「あった」と過去形で書かなくてはならないが、東京日比谷の一角に芸術座という小劇場があった。二〇〇八年に生誕百年になった、当時東宝の演劇担当重役だった菊田一夫の、「体温のぬくもりが感じられるような芝居をつくりたい」との願いをかなえるため、東宝本社の四階につくられたもので、当初六六四だった客席はのち七六〇になった。「あった」と過去形で書いたのは、二〇〇五年三月の菊田一夫作『放浪記』を最後に、建物の建て替えにともなって姿を消したからである。〇七年十一月、ホテルに生まれ替った建物の地下に、新劇場シアタークリエが誕生したが、雰囲気はかなりちがう。

　そんなわけで、やはり「なつかしき」と冠づけで言いたい芸術座の開場は一九五七年四月のことで、柿落とし公演は山崎豊子原作、菊田一夫脚色・演出の『暖簾』だった。大阪のはなしとあって、森繁久彌、三益愛子、浪花千栄子、浦島歌女と、出演者には大阪出身か大阪に育ったひとばかりが集められている。

『暖簾』は典型的な大阪商人のド根性を描いた作品だが、森繁久彌演ずる八田吾平は、押し寄せる多難にくじけることなく、分けてもらった昆布問屋の暖簾をまもり抜く。敗戦をむかえ、廃墟に建てた掘立小屋に暖簾をかけた吾平は、「これからは、占領軍の米兵相手に昆布を売りまくってやる」と決意する。彼らが口にしているチューインガムを、おしゃぶり用の酢昆布だと思いこんだのだ。

この場面を満員の客といっしょに哄笑しながら、突然それも鮮かに、その時分にして十数年前になる戦時下、国民学校の休み時間の校庭での光景が甦ってきたのである。

ひとりは同級生だったと思うが、その姉だか妹だかのふたり、子ども言葉でいうお大尽ちの姉妹を取りかこんで、男女ともども悪餓鬼どもが輪をつくっていた。なかのふたりは、それぞれが細長いそれこそ酢昆布状の一片を手にし、その先端のほんの僅かを噛み切って口に入れるとしばらくもぐもぐやって、パッと吐き出す。生まれて初めて目にするもので、お菓子というには吐き出すのが不思議で、かといって薬品ではあるまいし、とにかくふたりが得意気に振舞っているところから、高価で珍しいものだろうとの察しはついた。家へ帰って父親にはなしたら、

「多分チューインガムだろう。チューインガムなら噛みつづけるもので、そうしょ

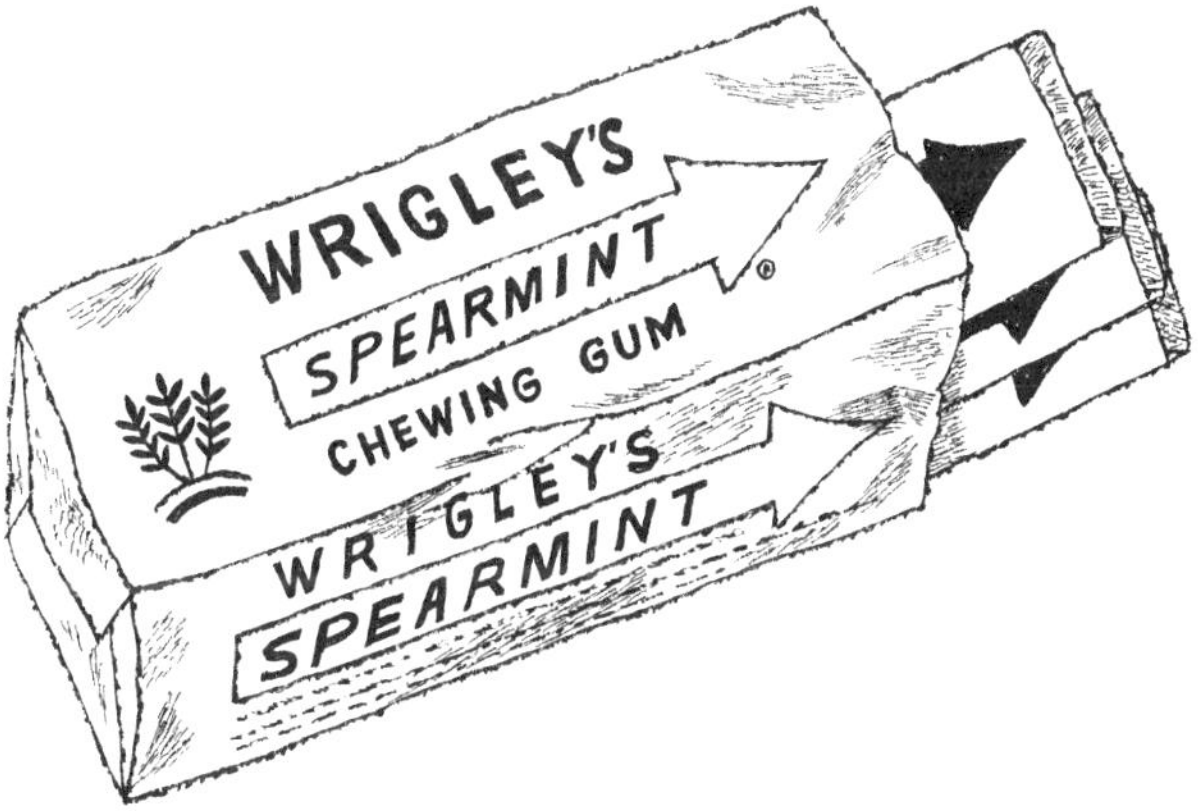

っちゅう吐き出すものじゃない」という。このとき私はチューインガムをチンガミとききき覚えたような気がする。

ご多分にもれることなく初めてチューインガムを口にしたのは、戦争に負けた直後のことだから国民学校の五年生だった。さすが「ギブミー・ア・チューインガム」などとやって米兵からせしめるようなことはしなかった。缶詰だの石鹸、煙草といっしょにチョコレートやチューインガムなど占領軍物資をたずさえた闇屋の兄ィちゃんがやってきたとき、親にせがんで買ってもらった。

いつの時代にも、子どもというものはおそるべき知恵を発揮してのけるが、容易に手にはいらないチューインガムのかわりに、二十粒ほどの小麦を口にほうりこみ嚙みつづけていると、粘り気のある白いかたまりと化してくる。そのかたまりに歯みがき粉をまぶしつけ、ふたたび口に入れるのだ。チューブ入りは贅沢品だったあの時代、もっぱら袋入りの粉歯みがきを使っていたものだ。それにしても小麦を嚙みつづけるとガム状になるメカニズムが、いまだによくわからない。

甘いもののまったく姿を消してしまった戦時下の駄菓子屋では、肝腎の中身のはいっていない、蠟引きされたキャンデーの一粒用包装紙だけ売ってたものである。そんなものなんの役に立つかと思うところだが、鼻にあてるとなんとなく甘い香りがして、キャンデーを口にしている気分になれるのだ。指でおさえて、いつまで離れずにいるかを競いあったり、思えばなんとも哀しい子どもの遊びだった。

敗戦後、人工甘味料を用いた粗悪なものではあったがキャンデーが出まわるようになったとき、おなじ包装紙にくるまれたキャンデー状の国産チューインガムも売り出された。板状でないのがなんとなくまがいものじみているところにもってきて、甘味も香りも、嚙んでいるときの口あたりのぐあいも、アメリカはリグレイ社のものに到底及ばないまでも、小麦の代用品よりましだったから、みんなとびついた。一九四六年の国内チューインガムのメーカーは四百社にのぼったという。

いまにして思うと、あれも子どもにとっての冒険だったが、クラスの悪童数人連れだって、渋谷駅前の闇市までチューインガムを買いに出かけた。これもいまはなつかしい木炭バスが渋谷・初台間を往復していたが、ただでさえ乏しい手持の小遣い銭で、お目当てのチューインガムが買えるものやらさだかでないとあって、バス代倹約して渋谷まで二キロほどの道のりを歩いていった。

いまのNHK放送センターは、その時分の衛戍監獄の跡地にあるのだが、こげ茶色の見あげるほど高いコンクリート塀にかこまれた偉容と言うよりむしろ異様な姿は、子どもの目にはやはり不気味だった。二・二六事件の処刑の銃声が、家まできこえてきたと大人たちがはなしていたのをみんなきいていたから、二・二六事件が何たる事件かくわしいことなど知るよしもない子どもにとっても、監獄は怖いところというイメージがあったものか、自然無言になって歩を早めたものである。

雑踏をきわめる闇市に、連れだった子どもがまぎれこめば、いったいなにが目当てか大人にはすぐにわかったのだろう。

「進駐軍の菓子だったら、この奥だよ」

中古靴やら背嚢だのを台に並べた中年男に教えられて行きついたあたりに、菓子をならべた露店はなかった。思案にあまっていると、これも米軍放出品だろう白いマフラー巻きつけた兄ちゃん風が、「チョコレート、チューインガムあるよ」と声をかけてきた。チューインガムがほしいむね伝えると、大きなポケットに手を突っこんで取り出したチューインガムを見せられて、みんな一瞬たじろいだ。見なれた板状ガムの包装とはまるでちがう薄い箱入りなのである。

「チューインガムなんですけど」

「チューインガムだよ」

と言いながら、蓋をあけ手のひらに出されたのは、板状でなく糖衣のものだった。チューインガムには糖衣のものもあるのをみんな知らなかったから、まるで小さな白タイルみたいなものを見せられて、困惑していたのだろう。白マフラーの兄ィちゃんは、「ほらッ」とその二粒ほどをいせいよく口にほうりこむと、くちゃくちゃと派手に嚙み出した。甘い香りが口もとからもれて、ほんとうのチューインガムであることを納得し、恐る恐る値段をたずねたのだが、これがかなりお高い。みんなの小遣いあ

銀映座

わせても、一箱買うのがやっとだった。新しくポケットから出した一箱を代表に手渡しながら兄ィちゃんは、「おまけだ」と、先に空けた箱から人数分の粒だけ取り出して、みんなの手にのせてくれた。

一箱の中身を、どう等分したものかまるで覚えてないのだが、おまけにもらった糖衣のガムを噛みしめ噛みしめ、糖衣のもののほうが高級感があるなどと生意気な口をたたきながら、同じ道を帰った記憶ははっきりしている。

チューインガムの鼻祖は、遠くＡＤ三〇〇年ごろ中米のマヤ族が、サポジラの樹液の固化したチクルを噛んだのに求められるとされている。一八八〇年ごろアメリカのウイリアム・リグレーによって創製されたリグレイブランドのチューインガムの消費量は、一九一四年すでに一人年間三十六枚、二五年には百枚に達する。世界的に普及したのはやはり第二次世界大戦で、占領下の各地で現地人に与えたものをふくめて、米兵一人あたり三千枚相当を消費したという。

日本には一九一六（大正五）年に輸入され、その後リグレイを模した国産品も製造されたが、あまり普及しなかったのは、『大衆文化事典』（弘文堂）のいうように、「外で歩きながら口を動かすという点が、日本的行儀作法観念と抵触した」ためだろう。

毎度お世話になっている本山荻舟『飲食辞典』のほうは、「戦後米軍の進駐によって再び盛返し、急速に普遍して児女の間に愛好されたが、それもだんだん下火になりつつある」とあるのだが、この初版第一刷の発行されたのが一九五八年十二月であることから察するに、いったんは「だんだん下火になりつつあ」ったチューインガム熱も、駅の売店にずらりならんだ色とりどりの製品群を目にするこんにちの状況は、日本チューインガム史上第三期の繁栄下にあるのかもしれない。

いったん下火になったチューインガム熱を、ふたたび盛りかえさせるのに、プロ野球の外人選手たちの果たした役割も大きいように思われる。彼らの、ガムを噛みながらのプレーぶりが、テレビ画面にうつし出されるのを目にして、忘れていたチューインガムをふたたび口にした成人男子も、けっして少なくないはずだ。ついでに言えば、風船ガムというものの存在を、私はプロ野球の黒人選手によって教えられた。あくまでプレーであるはずのベースボールに対して、野球道なんて精神面の強調された言葉に影響されがちだった日本人選手のあいだにまでチューインガムがひろまって、ついにはチューインガムメーカーがプロ野球球団を持つまでにいたるのだ。

あれも「洋菓子の一」と字引にはあるチューインガムだが、その使用目的、用途となると、いまやお菓子の範疇を大きくはみ出している。口臭防止、歯の健康から、やれ栄養素配合、そして居眠り防止。これはドライバーに人気があるらしい。

車を運転しない私には縁がないが、同業の劇評家にこのガムの愛用者がある。劇評家たるべき三条件というのがあって、

一、開演時間に遅れないこと

二、途中退席しないこと

三、居眠りをしないこと

このうち、一と二に関してはおのれの努力で容易に克服できるが、厄介なのが三で、突然襲ってくる睡魔との闘いには、なにかと手をやくところだ。

歌舞伎のように、明るい客席のもとで上演されるお芝居では、舞台をつとめている役者から、客席の様子が手にとるようにわかるのだ。とくに劇評家や演劇記者が一堂に会して真中に陣取る「お社《しゃ》」と称する観劇日など、逆に観劇マナーを役者の側から観察されかねないから怖い。劇評家がチューインガム持参で劇場に向かうのは、役者からうしろ指さされないための防御策でもあるのだ。いまチューインガム持参と書いたが、劇場の売店に飴はあってもチューインガムを置いてないのは、ガムの噛み滓で

ロビーが汚されるからだ。
劇評家のこんな努力も、ときに裏目に出ることがあって、酷評された某歌舞伎役者が自分のホームページで、その劇評家のガム嚙みながらの観劇態度を非難したことがある。劇評家が、ガムを嚙む理由をあげて反論したのかどうか知らないが、「かべす」と言って、菓子、弁当、寿司は芝居見物に欠かせないとしたのはむかしのことで、昨今では客席内での飲食をかたく禁じている劇場が多いようだ。だからと言って、他人に迷惑かけるでなし、チューインガムくらいで目くじらたてることもあるまい。
ひとから、「どうですか」などとすすめられて、御先煙草ならぬ御先ガムで一枚頂戴に及ぶことはあるが、この年齢になると自分でチューインガムを求めることはほとんどない。それでも五枚入り一包で、消費税込みの一〇五円という標準価格くらい知っている。ふと気になって、一九一六年に輸入された当時の値段を調べてみたのだが、予想をはるかにこえた高額だった。
十包入り　一円、五包入り　五十銭
一枚　十銭
とある。カレーライスが十銭で食べられた時代、腹の足しにならないチューインガム一枚のために同額を投ずることのできたひとたちは、言うところの富裕者で、一般庶民の目には高級贅沢品とうつったはずである。

そうしてみると五枚で一〇五円というのは一枚二十一円だから、如何なる物価変動換算率をもってしても、格段に安くなったと言うことができる。かねがね戦後になって値下り率の激しい双璧が時計と傘だと思っていたが、これにチューインガムを加えなくてはなるまい。

時計と傘とチューインガム。この三点をあらわして妙なる「三」の名数はないかと、浅倉治彦、井門寛、森睦彦編『日本名数辞典』（東京堂出版）をひらいてみたのだが、徒労に帰した。

名数のほうは徒労に帰したが、チューインガムのあれこれを調べるにあたり、大正、昭和初期の風俗関係の雑本のいろいろに目を通しているうち、思いがけない記述にぶつかった。

プロ野球の外人選手とチューインガムの関係については前述したが、ガムに見えるが実際は噛み煙草だったケースもかなりあって、贔屓だった東映フライヤーズに在籍していたハワイ出身のジャック・ラドラ外野手が噛んでいたのもそうだった。ラドラ選手に分けてもらって口にした日本人選手の「刺激が強くて嚙めたものじゃない」というコメントを、スポーツ新聞で読んだ記憶がある。思いがけない記述というのは、そんなことのついでに嚙み煙草についても調べてみようと寄り道していてぶつかったものだ。

その記述だが、「陸軍糧秣本廠、航空機搭乗員の高空での特殊環境適応用にチューインガム式無煙たばこを開発」とあり、一九三五年四月二一九日、天長節の日付の新聞記事によるものらしい。

この記事にふれて、一九五七年四月芸術座柿落し公演の客席で、鮮かに甦った戦時下の国民学校校庭での一光景のなかで、なんとなく腑に落ちなかった事柄が、ものの見事に氷解したのだ。くだんの姉妹がお大尽ちの子というのは、軍事関係のえらいさんだったように覚えている。だとすれば一九三五年という私の生まれた年に開発されたチューインガム式無煙たばこを、手に入れることのできる環境にあったのはたしかで、ふたりの少女が自慢気にちょっと嚙んでは吐き出してたのは、無煙たばこであったのだ。それを知っての上で、悪餓鬼どもに自慢したさに家から持ち出したのか、知らずに菓子だと思いこんでやったものか、いずれにしても口にふくんですぐに吐き出したことの平仄《ひょうそく》は、これで合ったわけである。

オートミル

明治の初めに生まれた母方の祖父は、私が高校を卒業したころ長寿を完うしたが、いま思い出してもなかなかモダンな生活感覚の持ち主だった。大宮の工場長でリタイヤした国鉄マンだったようにきいたが、浦和に建てた隠居所の裏の畠につづく芝生の広い庭には、遊びにくる大勢の孫たちのための砂場が用意されていて、従兄弟たちと砂遊びに興じている幼いころの写真をどこかで見た記憶がある。

　祖父の隠居所を訪れたときの私の楽しみは、砂場よりもむしろ離れの書斎にもぐりこむことだった。紫檀の文机の上に、オノトの万年筆やキャッスルの鉛筆のならべられたペン皿、翡翠のインク壺、把っ手の黒光りした吸取紙パット、鼈甲のペーパーナイフなどなどがきちんと整頓されて置かれているのを手にして、しばしの時間いじくりまわすと、注意ぶかく元の場所に戻すのだ。凝っていた謡の稽古日など、座敷からきこえてくる「船弁慶」かなんかを耳に、こんな書斎の佇まいに身を置いて厭くことを知らなかったのだから、やっぱり嫌みな餓鬼だった。形見分けでもらったという翡翠のインク壺を、「私が持っているよりも」と従妹から十年ほど前に贈られて、祖父とは大違いの乱雑をきわめた私の机の上で、なにかのかげにいまも身をひそめている。

小学校が改称された国民学校の第一期の一年生に入学した一九四一年の夏休みだった。祖父が一族郎党引き連れ避暑に滞在する信州の霊泉寺なるひなびた温泉宿に、何人かの従兄弟ともども同行した。日中戦争は泥沼化し、十二月八日には太平洋戦争が始まるのだから、世情穏やかならざる時期で、思えば贅沢なことだった。上野から上田の手前の大屋まで列車で行ったのだが、途中の停車駅で駅長以下何人かの駅員が祖父の車窓あたりに整列して出迎えるのが、国鉄ＯＢの威光など知るよしもなかった幼い目には、なんとも不思議な光景にうつった。大屋という小駅からは乗合馬車を借りきって温泉宿まで出かけたのだが、何年かたってそのとき馬車を挽いていた馬が虻に刺されて死んだときいた。

祖父はこの避暑先に、身のまわりのもの一切を持ちこんでいた。赤銅の洗面器と歯みがき用のマグカップ。狸毛の歯刷子。夏用のタイル状の枕敷。マホガニーの函にはいったヴァレットの片刃の安全剃刀は、使用する前に足の親指に先端の輪をひっかけた革砥《かわと》で研ぐと、ペッタンペッタンと刃が半回転するのが面白かった。

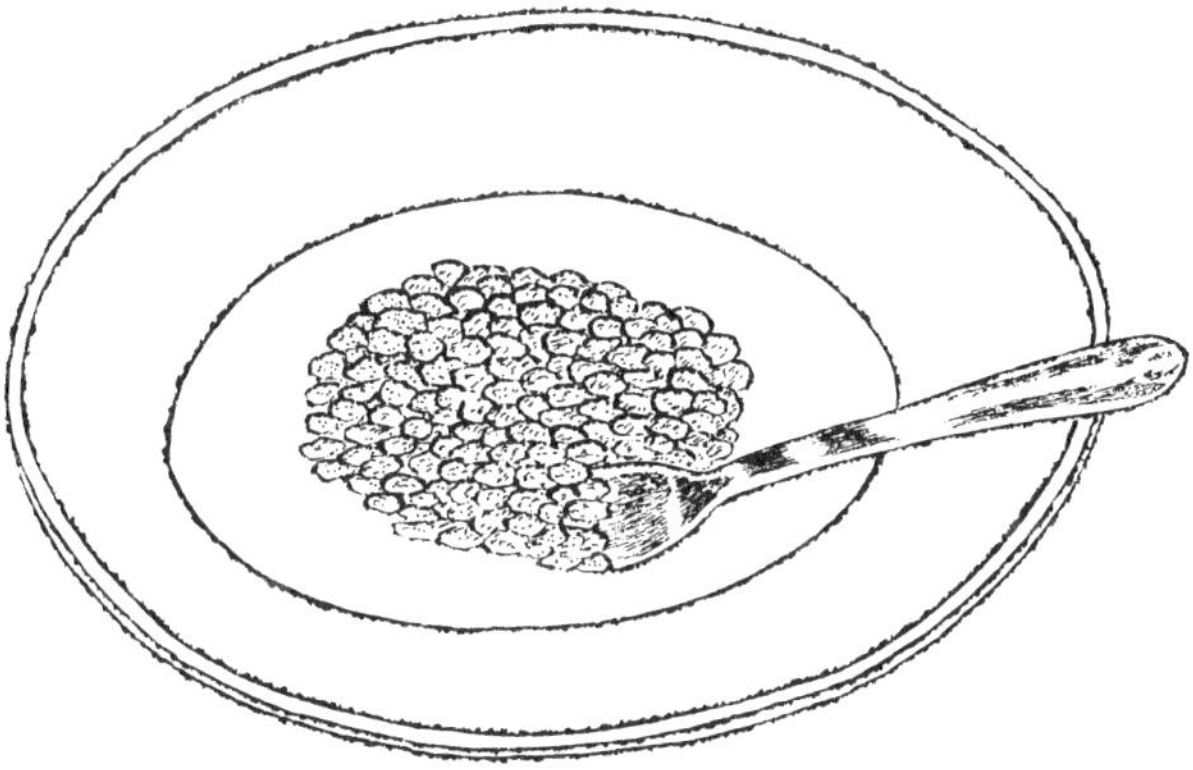

朝目を覚ますとテーブルの上の壺に小梅がはいっていて、そえてある砂糖をつけて、お茶をのみながら口にする。ふだんの暮しになかった「おめざ」と称する朝食前のこんな習慣もめずらしかったが、このとき祖父は家から持参して調理させたオートミルを、これも持参した銀の匙ですくっていた。お粥状に煮こまれたものに熱い牛乳と砂糖を加えて食しているのを興味ぶかげに見ていたのであろう私に、「喰ってみるか」と祖父は一匙さし出した。正直、あまり美味いものとは思えなかった。そんな表情を見てとった祖父は、「子どもの好みには合わんか」とつぶやい

た。私のオートミルとの出会いである。

一九六〇年代のはじめまで中の島にあった新大阪ホテルの格調高い雰囲気が好きで、大阪に出たときよく利用した。まだ東海道新幹線も開通してない時代で、無為徒食の若い身空の身に余る贅沢なのはわかっていたが、背のびしていたのだ。

たしか一階にあった天井の高いダイニングルームで朝食をとるべくボーイに案内されて席につくと、ひとつむこうの席で仕立のいい英国製生地のスーツ（むろんたしかめたわけではないが、このひとの身につくとそう見える）姿の益田喜頓がひとりオートミルの皿にむかっていた。なんとも格好よく、さまになってるかたちにふれて、気がつけば私もオートミルを所望していた。祖父の食べていたのを一匙おすそわけにあずかっていらい、二十年はたっていたことになるか。この二十年ぶりのオートミルが悪くなく、爾後ホテルでの朝食にはオートミルが欠かせなくなった。

これもまだ六〇年代のはなしだが、彦六という隠居名で逝った八代目林家正蔵を座長に、何人かの落語家が博多に招かれて落語会を催すのに同行することになった。ところが直前になって、林家正蔵が飛行機に乗るのはいやだと言い出したのである。なんでも札幌に出かけた仕事の帰りの飛行機が、羽田の上空まで来ていながら、滑走路が空かないからと数十分間待たされて、「てめえの家の玄関先まできてながら、なかに入れねえ法はない」と腹を立て、以後飛行機には乗らないと宣言したのだと言う。

しかたなく一行が羽田を発つ前日の夜、東京駅からブルートレインで行ってもらうことにして、私もそれにおつきあいすることになった。このとき初めて一等寝台を利用したのだが、二等寝台とのあまりの格差におどろいて、それからは寝台車に乗るときは、多少の無理をしても一等を利用することにした。

一九六七年の夏、ひとりでヨーロッパをひと月ほど歩いたとき、パリからバルセロナまでの国際特急の寝台車は、ちょっとしたホテルなみの個室で素晴しく、なんだか熟睡するのがもったいないような気がしたものだ。気がつけばもうずいぶんと長いあいだ、一等どころか寝台車そのものと縁がない。

さて正蔵師匠とのブルートレイン同乗記だが、朝食を食堂車でとることになって、珈琲党の師匠につきあって私も洋食にした。当然シリアルはオートミルである。牛乳をたっぷりかけて、そなえつけのパウダーシュガーに手をのばしたとき、師匠に言われた。

「矢野さん、だまされたと思って塩にしてごらんなさい。私はいつもこっちなんです」

と穴のあいた銀色の容器から食塩をふりかけてみせた。

信じられなかった。入れる入れないは別にして、牛乳には砂糖という頭があるから、オートミルにかける牛乳に塩を加えるというのが、どうにも解せなかったのである。なにもこちらは正蔵の弟子というわけではないのだから、言われたとおりに従う義理も筋合もないのだが、かねてから趣味嗜好の面でも一本筋のとおっていることに感心させられている正蔵の流儀に、ここはおっかなびっくりながらもさからわないことにした。

目から鱗なんて言葉をそう簡単に用いてはいけないと思うのだが、これぱっかりは正真正銘の目から鱗だった。それでなくとも辛党で、珈琲紅茶は砂糖なしでのんでいる身が、なにもオートミルの牛乳にだけ砂糖を用いることもなかったのだ。だからと言って牛乳に塩というのは、どう考えてもミスマッチなのに、このミスマッチがこたえられない風味で、これぱっかしは試したひとでないとわからない。この日いらい正蔵流オートミルの食べ方を実践して、ひとにも薦めて今日まできている。この日というのがこの日だけで、正確な年月日不詳なのが残念だが、俵万智さんにならえば私の

「オートミル記念日」だ。

そんなわけでホテルの朝食に塩味のオートミルを欠かさずにいたのだが、そのホテルの朝食が和洋折衷のヴァイキング形式になってきてるのがここ何年かの傾きである。じつを申すと旅に出たときばかりはなにためらうことなく朝からビールをのむのが、これまた何年来かの私のたしなみで、この朝のビールにヴァイキング形式というのはまことに有難い。ビールのつまみに格好なものばかりがならんでいるから、ついつい予定の本数をこしてしまったりする。ただシリアルのコーナーがフレーク類ばかりで、オートミルの用意されていないのがいささかの不満なのだ。もちろん特別注文という手もあるのだが、郷に入れば郷に従うのが私の流儀で、しかたないからコーンフレークにミルクをかけて、無論これも塩味でいただく。

毎夜の聞こしめしての帰還のあと、仕上げにのむウイスキーの水割のつまみをかねた夜食に、腹にたまらないオートミルがふさわしいと、スーパーで缶入りを買ってきて、自分で調理したこともあった。調理法は愛用している本山荻舟『飲食事典』にしたがって、じっくりことことと、燕麦の香りがただよいはじめた煮つまるちょっと前に火を止める。深夜家人の寝静まったなか、ひとり台所でウイスキーをのみながら塩味のオートミルをするの図なんて、はたで見たらさえないキッチンドリンカーといったところだが、これはこれで悪くはなかった。

悪くはなかったというのは、この習慣あまり長続きしなかったのである。理由は率直に言って案外手間のかかることと、オートミルはやはり朝のもので深夜には似合わないことに気づかされたからである。深夜のオートミルなんて、エッセイの題になりそうだがたまにやるからいいので、何日かつづくとやはりあきがくる。そんなわけで、結局一缶使い切らずに終わってしまった。どうやらオートミルは、家で食べるものではなく、旅先の朝のものであるようだ。

一九八六年の夏、三週間ほどニューヨークで遊んだ。私にとって初めての地で、たっぷりと時間のあることだし、よその土地にも足をのばすつもりだったが、結果はマンハッタンから一歩も出ることなく、それもベルモントパークの競馬場通いとブロードウェイの芝居見物に明け暮れてしまった。あらかじめ帰りの便の定められた安い航空券で出かけた、懐中のほうもさびしい旅だったが、東京に帰る前の三日間だけ憧れていたアルゴンキンホテルに宿をとった。

このアルゴンキンホテルの十人もすわれない小さなバーで、そのときニューヨーク・メッツの監督をしていたジョンソンに出会った。かつて巨人軍の二塁手として来日していたが、たしかあまりいい成績は残せなかった。いずれにしてもパ・リーグオンリーの私には、それほど印象にないプレーヤーである。カウンターが一杯で、うしろに何人かが立ってのんでいたうちのひとりのジョンソンに、のみ終えた私が席をゆずるかたちになって、礼を言われた返事に、なにかひと言口にしようとしたのはいいが、まったく思いがけない言葉を発してしまった。

"Do you know NAGASHIMA?"

答えはただひと言、

"Of course."

だった。

アルゴンキンホテルでは、当然のことながら三日とも朝食にオートミルを食べた。ここのオートミルは、ミルクといっしょにやや固めに煮こんだものに、さらにミルクをかける食べ方で、絶品だった。そえられた砂糖を無視して、テーブルに置かれた食塩をかけてオートミルを食べている私のことを、「妙な食べ方をしている」といった表情でじっと見つめる肥ったご婦人に、「このほうが美味いし、だいいちダイエットにもなりますよ」と、こころのなかの日本語で教えてあげたのだが。
岩波書店が、今回のはすべて元原稿に即したというふれこみで、第何次かの『漱石全集』の刊行を一九九四年にはじめたので、これを機会に何度目かの漱石を読みかえしたのだが、前に読んだときには気づかなかったことなどたくさんあって、やはり漱石は何度読んでも面白い。ただ元の原稿によっているといいながら、仮名づかいこそ歴史的仮名づかいを踏襲しているものの、漢字一切が現行表記になっているのが唯一の不満だ。市川団十郎だの三遊亭円遊だなんて、あれでは團十郎や圓遊が可哀想だ。
それはともかく、「第十二巻 小品」の「倫敦消息〔『ホトトギス』所収〕」を読んでいて、
夫から〔楷子段《はしごだん》〕を二つ下りて食堂へ這入る。例の如く「オートミール」を第一に食ふ。是は〔蘇格土蘭人《スコットランド》〕の常食だ。〔尤《もつと》〕もあつちでは塩を入れて食ふ我々は砂糖を入れて食ふ。麦の御粥みた様なもので我輩は大好だ。「ジヨンソン」の字引には「オートミール」……蘇国にては人が食ひ英国にては馬が食ふものなりとある。然し今の英国人としては朝食に〔之《これ》〕を用いるのが別段例外でもない様だ。英人が

馬に近くなつたんだらう。

なんてくだりにぶつかったときは、少しばかりびっくりした。林家正蔵式に塩で食べるのが本場ほんらいのやり方で、しかももとはと言えば馬の食い物だったとは、なんともいやはやといったところだ。それにしても「英人が馬に近くなつた」とは、漱石ならではのアイロニーここにきわまれりといったところで、往時には快哉を叫んだ読者も少なくなかったかもしれない。

もっともこの全集にある「注解」によると、「馬が食ふものなり」とするジョンソンの辞書の記述は、「オートミール（oatmeal）」ではなくて、「からす麦（oats）」のもので、

“A grain, which in England is generally given to horses, but in Scotland supports the people.”

とあるそうだ。オートミルの原料の燕麦も、からす麦も英語では「oats」だし、こ

こは漱石の単純な勘ちがいとするより、意識的な筆法と見たほうが、それでなくても彼の地の生活感覚のちがいに多分に息苦しさのあることを告白している「倫敦消息」とあって、漱石らしいと思うのだがどうだろう。

それはともかく、漱石がオートミルを「我輩は大好だ」としてることに、私には格別の思いがあった。「我輩」は、私にオートミルを教えてくれた祖父の口癖だったのだ。我輩ばかりではない。『漱石全集』を読みかえしていて、「妻君」「失敬」「外套」「案に相違」、ポケットのことをいう「懐中《かくし》」、そして簡単を単簡などなどの漱石語彙が、そっくり祖父が日常しばしば使用していたものであるのに気がついて、もう半分消えかけていた祖父の面影が甦えってきたのだ。

いまはもう死語、廃語のたぐいやその語法を、ごくごく自然に使いこなしていた世代のひとたちに、オートミルというのはふさわしい食べ物だとすると、塩味だろうが砂糖で食おうが、いまどきオートミルが好物だなんて手合は、かなりの懐古趣味の持ち主ということになるかも知れない。なんとなく忸怩《じくじ》たる思いがしないものでもない。

芝居を観ることが仕事の人間にとって、海外演劇事情をないがしろにするわけにはいかないが、なにせ使える言葉は日本語オンリーというていたらくで、なんとなく気がひけてしまう。もう二十二年前になるニューヨーク滞在のときだって、言葉がわからなくてもなんとかなるミュージカルばっかり追いかけて、ストレートプレイは一、二本しか観なかった。正直言うと劇場よりも競馬場通いのほうに熱心だった。

こんにち芝居の本場といったらロンドンと相場がきまっている。三度ほどヨーロッパの地を訪れながら、ドーヴァー海峡は渡らずじまいだった。意をけっして一度英国をと思わないでもないのだが、もしそんな機会に恵まれたとして、いちばんの楽しみは、まず彼の地が本場のオートミルを食して、つぎにこれも本場の競馬を楽しんで、三番目がお芝居ということになりそうだ。

珈琲

coffeeには異字表記がたくさんあって、凝った字体でそれを一覧した摺り物もあるのだが、私はもっぱら珈琲と書いてきた。魅惑的な褐色の嗜好飲料になんともふさわしい字面をそなえているし、書いている鼻先をあの芳香がくすぐってくれるような気がする。そんなわけでこの稿も珈琲で書いていく。

日本敗戦にともなう占領政策の一環として、メジャー九社のアメリカ映画の輸入公開を一手にする組織、セントラル・モーションピクチュア・エクスチェンジが発足したのは一九四五年十二月のことである。事務所のある新橋の兼坂ビル屋上にかかげられた、パラマウント、M・G・M、ワーナー、ユニヴァーサル、R・K・O、コロムビア、廿世紀フォックス、ユナイテッド・アーチスツ、リパブリック各社のトップシーンをかざるトレードマークのならんだ大きなネオンの看板が、新橋駅のプラットホームからのぞめた。

ディアナ・ダービンの『春の序曲』、グリア・ガースンの『キュリー夫人』を皮切りに、「アメリカ映画は文化の泉」なるキャッチコピイ（なんて言葉はその時分まだなかったが）で続続と封切られるアメリカ映画に、正直目を奪われた。外国映画の上映が禁じられていた戦時中に、戦意昂揚映画ばかり観せられていた子どもには、それこそ未知との遭遇だったのである。

原作がブロードウェイの当り狂言だとはあとになって知ったことだが、アイリーン・ダンが素敵なママを演じた『ママの想い出』が封切られたのは一九四九年の四月だから、私は麻布中学の二年生で、映画研究部に入ってガリ版刷りの機関紙「ソフトフォーカス」の広告取りに、放課後の肩鞄さげたまま連日映画館めぐりをやっていた。肝腎の広告が取れなくても、上映中の映画一本観せてくれたもので、新宿の映画館で観た『ママの想い出』もそんな一本だった。同じ年の十一月に、原作の『ママの貯金』（J・V・ドルウテン脚本、倉橋健、川口一郎訳）が、田村秋子のママ、中村伸郎のパパで、文学座公演として三越劇場で上演されている。こちらのほうは乏しい小遣いやりくって当日売の切符を買って観た。すこぶる健康的な、こころあたたまるという褒め言葉がぴったりの、アメリカらしいホームドラマだった。

映画『ママの想い出』に、息子だったか娘だったかの誕生日を家族で祝う席で、

「あなたももう子どもじゃないんだから、きょうからは珈琲をのませてあげる」

とママが珈琲を注いでやるシーンがあった。珈琲といえば、子どもの時分にのんだ珈琲シロップしか知らなかったことに思いあたり、もう大人になったつもりでいた自分も、ほんものの珈琲がのんでみたくなった。

典型的なサラリーマン家庭だったわが家では、戦時中ということもあってか珈琲をのむ習慣はなかった。市川市に住んでいた親戚に何家族かが集まったとき、いまにして思えばサイフォン式なのだろう、風邪をひいたときに用いる吸入器を思わせる道具を持ち出して淹れた珈琲を、大人たちがのんでいたのを覚えている。無論お相伴にあずかれるはずもなく、子どもたちには家庭用製造機でこさえた自家製アイスクリームが振舞われたのだが、冷たさだけが先に立ってデパートの食堂で口にするものほど美味しくなかった。だからと言ってそんな不満を口にできたわけがない。

日曜の朝はパン食だったわが家では、もっぱら缶入りのリプトン紅茶を用いていたが、戦争が激しくなって手にいれるのがむずかしくなってからは、紙の容器におさまった日東紅茶に代った。あきらかに香りがちがうのが、子どもにもよくわかった。やがて砂糖が姿を消しサッカリンで代用した間もあらばこそ、未曾有の飢餓に襲われて、とうもろこし粉のふかしパンや、農林一号と称した薩摩芋が主食の哀しい時代が到来するのだ。

そんなわけで、中学の二年まで私は珈琲と縁がなかった。『ママの想い出』を観て急に珈琲がのみたくなった。珈琲をのむことで、一人前の大人の仲間入りがしたくなった。悪友と連れだっての放課後の盛り場彷徨の際に、いわゆる甘味処の暖簾をくぐって、汁粉やみつ豆を口にするのがひどく子どもっぽい行いに見え、思いきって喫茶

店で珈琲をのもうと誘ったところ、くだんの悪友はいともあっさり、
「なんだ、お前は珈琲がきらいなのだと思っていた」
とのたもうたものである。下町住いのそいつは、すでに近所の喫茶店に出入りして珈琲など味わっていたのである。なんだか急にそいつが大人に見えてきた。彼には、併設された高校に進んでから、銀座で酒をのむことも教えられ、思えば私の悪事指南役だった。

映画好きという共通の趣味を持ったその悪事指南役に珈琲をのむために連れて行かれた先は、新橋駅の汐留口前の仮普請の建物のならんだ一角に、「坂本武の店」と看板かかげた、喫茶店というより大衆食堂風の店だった。坂本武は松竹大船の渋いバイプレーヤーで、好きな役者のひとりだったから悪友もそのあたりを慮ってくれたのだろう。殺風景な店内には、大船帰りかあるいはこれから出かけるのか、撮影所人種ならではのくだけた服装に身をつつんだ男たちが、珈琲カップを前に煙草すぱすぱやりながら談笑していた。あの時分、着ているものでなんとなくそのひとの職業が見当ついたものである。

そんな雰囲気のところにはいりこんだ場ちがいな中学生は、さものみなれているよ

うな顔をつくって、初めての珈琲に相対したのだが、味わう余裕は正直なかったような気がする。味わう余裕こそなかったが、その香りと濃い褐色になんとも大人の飲み物の感じがあってそれにしびれた。ちょうどその時分来日したアメリカの野球チーム、サンフランシスコ・シールズと全日本の試合の行なわれた神宮球場で、日本人にも販売されたコカコーラにしてもそうだが、褐色飲料というのは魅惑的で、子どもにとって禁断のにおいがしたものだ。

映画といっしょに芝居の洗礼も受けていて、新劇の舞台を追いかけ三越劇場通いなどしてたのだが、瀧澤修や宇野重吉のいた劇団民藝は事務所を、これも新橋の土橋際にあった蟻屋という和風喫茶店のなかに置いていた。新橋演舞場で三好十郎の『炎の人』が上演されたころ、この蟻屋をのぞいたことがあるのだが、清水將夫や山内明がそれぞれ思い思いの格好で珈琲をのんだり、本を読んだりしているさまに、坂本武の店よりも店全体に格調高い風情があって、まだまだ嘴の黄色い若造には居心地もよくなく、一度だけで退却してしまった。いまにして思えば、図図しく通いつめればよかった。

一九五三年になんとか高校は卒業できたものの、受けた大学全部落ちてしまった。

COFFEE

受験勉強そっちのけで遊びほうけていたのだから当然の帰結で、べつに落ちこむこともなかった。落ちこむどころかこれまで以上に熱心な劇場、映画館、寄席通いと、さらに酒と競馬と悪所の三道楽が加わったのだから、翌年ふたたび大学の門をたたいたところで、結果のほうは目に見えていた。お茶の水の文化学院なら面接だけで入れてもらえるときいて、仁戸田六三郎先生と戸川エマ先生の面接を受け「勉強する気なんかないけれど、遊びに行くには面白そうだから」と生意気な口をたたいたら、「いい了見だ」と仁戸田先生に褒められた。

あの時分の文化学院には女子生徒、それもいい所のお嬢さん風が多かったから、遊びに行くにも張合があった。目の前に山の上ホテルがオープンしたばかりで、そんなお嬢さん風を誘って珈琲をのんだりするのだが、片隅で山内義雄が原書に目を通していたり、吉行淳之介が編集者と打ち合せをしている光景に出会ったりするのが、無為徒食の文学青年を気取って、発表のあてなどまるでない映画作家論など書きまくっていた身には、すこぶる刺激的だった。おなじ珈琲でもホテルで、それも女の子相手に青くさい文学談義など交えながらのそれはまた格別だった。だからといって、所詮は貧乏書生の分際に、そんな贅沢を連日つづけるなんて余裕があるはずもない。

もののの値段を語っていたずらにむかしをなつかしむのは、老化のあらわれだそうだが、あの時分の珈琲は一杯七十円する高級店もあったが、四十円から五十円というのが相場だった。ラーメンが三十五円で、ポケットのなかの小銭を気にしながら、ラーメンか珈琲か、しばし逡巡したあげく、結局珈琲を選択して浅薄なるダンディズムに殉ずるのだ。

いまにして思う喫茶店文化の時代というのがたしかにあって、ちょうど最盛期にあたっていたから、都内に点在するそれぞれ趣向を凝らした店の情報交換もさかんだった。私のばあいはもっぱら新宿がホームグラウンドで、美味いと言われる新宿の喫茶店は軒なみ探訪にあたったものである。固有名詞の羅列で売った作家にあやかるわけではないけれど、思い出すままそんな喫茶店の名をあげていけば、まず武蔵野館通りにあったボン。大きな店で待ちあわせによく使った。この店のアイス珈琲は、客の前でタンブラー一杯にした氷の上から熱い珈琲をそそぎこむのだ。けれんじみたその淹れ方が面白くて何度かこころみたが、アイス珈琲というのにどうしても馴染めずじきにやめた。私が真夏でもアイス珈琲をのまないのは、べつに、紅茶も珈琲も共に洋人の持ち來つたもので、洋人は今日と雖《いへども》その冷却せられたものを飲まない。これを以て見れば紅茶珈琲の本來の特性は暖きにあるや明である。今之を邦俗に從つて冷却するのは本來の特性を破損するもので、それは恰も外國の小說演劇を邦語に譯す時土地人物の名を邦化するものと相似てる。わたくしは何事によらず物の本性《ほんせい》を傷けることを悲む傾があるから、外國の文學は外國のものとして之を鑑賞したいと思ふやうに、其飲食物の如きも亦邦人の手によつて鹽梅《あんばい》せられたものを好まないのである。

という荷風の言に殉じているわけではない。

ヒカリ座という映画館をはさんだボンのならびに名曲喫茶のカーネギーがあった。クラシック音楽のレコードをかける名曲喫茶が各地にあって、新宿では歌舞伎町のらんぶるとこのカーネギーが双璧だった。この店のレジにいた山歩きの好きな女性は、のち二丁目の遊廓跡にびきたんという酒場を出し、色川武大などもよく顔を出していたが、繁盛しているさなかに急逝してしまった。

武蔵野館前のととやホテルに通じる小路に面したヴェルテルは、売り出す前の森英恵の洋装店ひよしやの直営だった。撮影を再開した日活映画の衣裳を森英恵がしてたのか、いつも日活撮影所の連中が打ち合せをしていた。店の名に惹かれたものか、学生、文学青年、絵かきのたまごなど、一見藝術家風の客が多かった。

新宿というより、いまや東都を代表する歓楽の巷と化した感のある歌舞伎町だが、わが不良中学生時代には都バスの車庫があるだけの、それこそペンペン草の生えていそうな殺風景な一隅にすぎなかった。そんな空地に、幾棟かの貧弱な木造小屋が、まさに忽然といった感じで出現し、なんとかいう博覧会が開催されて、その博覧会が無惨なる不入りに終わったあと、展示場が改築されて、地球座だのオデオン座を名乗る映画館やスケートリンクに生まれ変ったのが、思えば歌舞伎町歓楽街誕生ののろしであった。だから、美味い珈琲求めて新宿喫茶店巡礼に明け暮れていたころの歌舞伎町はまさに発展途上で、発展途上だからいい喫茶店も沢山あった。

シャンソンがブームになって、シャンソン喫茶を名乗る店があらわれて、靖国通りからコマ劇場にむかう大通りに面したラ・メールという小体な店で、よくシャンソンをきいた。北村和夫が友だち大勢引き連れて、ウェイトレス嬢に、

「ねえネ、詩人の魂、詩人の魂かけてよ」

とやって、「只今かかってるのが詩人の魂でございます」と答えられたいわくの店だ。コマ劇場ができて、劇場裏手にあった喫茶店に踊り子やスタッフの出入りが激しくなり、俄然はなやいだ雰囲気と化したのがなんとなく若いこころをくすぐった。もんと蘭の二軒がそんな連中のたまり場になっていたが、ウェイトレスが新劇女優のアルバイトだったもんには新劇青年がさかんに出入りしていた。いま劇団１９８０を率いる劇作家の藤田傳もここの常連で、何度か珈琲を奢ってもらった。

もんよりひとまわり大きく室内も明るい蘭にはカウンターがあって、ひとりで珈琲をのむのに便利だったから、いっときはほとんど日参したものである。満州からの引揚者の経営になるらしく、店名の蘭は満州の国花だときいたが、珈琲も美味く、客だねもまたよかった。近くにあったクラブ・リーに出演していたブルースカイ・オーケストラの指揮者奥田宗宏が、仕立のいい黒のスーツ姿で、演奏時間のあい間をカウンターの左隅でひとり静かに過ごしているのが格好よかった。

ＮＨＫテレビの人気番組「事件記者」に刑事役でレギュラー出演していた劇団民藝の宮阪将嘉も、蘭のカウンターの常連だった。軽演劇のムーラン・ルージュ解散当時の座長だったこのひとにこちらからはなしかけて、ムーラン・ルージュ解散のいきさつなどききだして、ノートに取らせてもらったことがある。

新宿の喫茶店ということで、書き残しておきたいこれも名店のひとつに、紀伊國屋書店の喫茶室がある。そのころの紀伊國屋は、新宿通りから犬屋やブロマイド屋のならんだ小路をはいった突きあたりの広場に、アメリカ映画の二番館だった新星館とならんで、白いペンキ塗りの木造二階建の瀟洒な店舗をかまえていた。喫茶室はその小路に面した別棟で、書店の喫茶室にふさわしい知的な雰囲気をたたえていた。詩人の北園克衛が編集とレイアウトにあたっていた、PR誌というには格調高い「机」という小冊子が常備されていたが、無料配布してたのだろうか。肝腎の珈琲は、珈琲の権威で著書もある井上誠が淹れていたのも贅沢で、ここらもオーナー田辺茂一の趣味だろう。

めずらしく府中の競馬で大儲けして、まだ健在だった二丁目遊廓のナナという妓楼に登楼し、あくる朝送ってもらった敵娼《あいかた》と紀伊國屋書店喫茶室で珈琲をのみ、丹治郎を気取ったことがある。そのときの記念というわけでもないが、書店の売場で求めたエミール・ゾラ、田辺貞之助、河内清訳『ナナ』の岩波文庫の上下二冊、さがせばまだどこかにあるはずだ。

ハム

署名記事で初めて原稿料を頂戴したのは一九六三年だった。「キネマ旬報」に、襲名したばかりの立川談志のプロフィールを書いた。

文学青年を気取ってはいたが、文筆で食べていくことなどかなわぬ夢といった思いがある一方、アルバイト気分でしていた新聞や週刊誌の下請け仕事で、ほどほどのお小遣いを稼いでいたから、いずれはなんとかなるかもしれないと、甘い望みをいだいていないわけでもなかった。そんな身が評論家デビューを果たしたお座敷として、「キネマ旬報」というのは悪くなかった。雑誌が出てしばらくして送られてきた現金書留、貼ってある切手の総額のほうが高いんじゃないかと思われるくらいの中身に唖然として、なまはんかな覚悟ではできない仕事と、物書き稼業のきびしさを教えられ、身をひきしめたものである。

「キネマ旬報」にはその後も書かせてもらった。もっぱらショービジネス欄で、ショービジネスという言葉がようやく世間に通用しそうになっていた時期で、本家のアメリカでは「金を取って観せるものは、それこそ野球やフットボールまでショービジネスの範疇」と担当の白井佳夫が言っていた。白井さんを私に紹介してくれたのは、中学、高校の一年上で、在学中映画研究部でいっしょだった佐藤重臣である。すでに映画評論家として一本立ちして、「映画評論」の編集にたずさわっていたから、「キネマ旬報」と並行してこちらのほうにも何回か寄稿している。原稿料の安さは「キネマ旬報」とどっこいどっこいだった。

その時分のキネマ旬報社は、銀座並木通り秀吉ビルの五階にあった。古ぼけたビルの最上階で、洒落て言うならペントハウス風のつくりだったが、エレベーターがなかった。あとできいたはなしでは、エレベーターが格納されていたと思われる吹き抜けの空間があったそうだから、戦災に遭ったままになっていたのだろう。若い身空に五階までの階段は苦にならなかったが、原稿をとどけるたびに白井佳夫は一階のドイツレストランのケテルで珈琲をご馳走してくれた。当時「キネマ旬報」編集部にいた小藤田千栄子さんのはなしでは、淀川長治、双葉十三郎などといった大家の先生方の原稿は、ケテルからかかってくる電話を受けた編集部員が頂戴に階段をおりたのだそうだ。

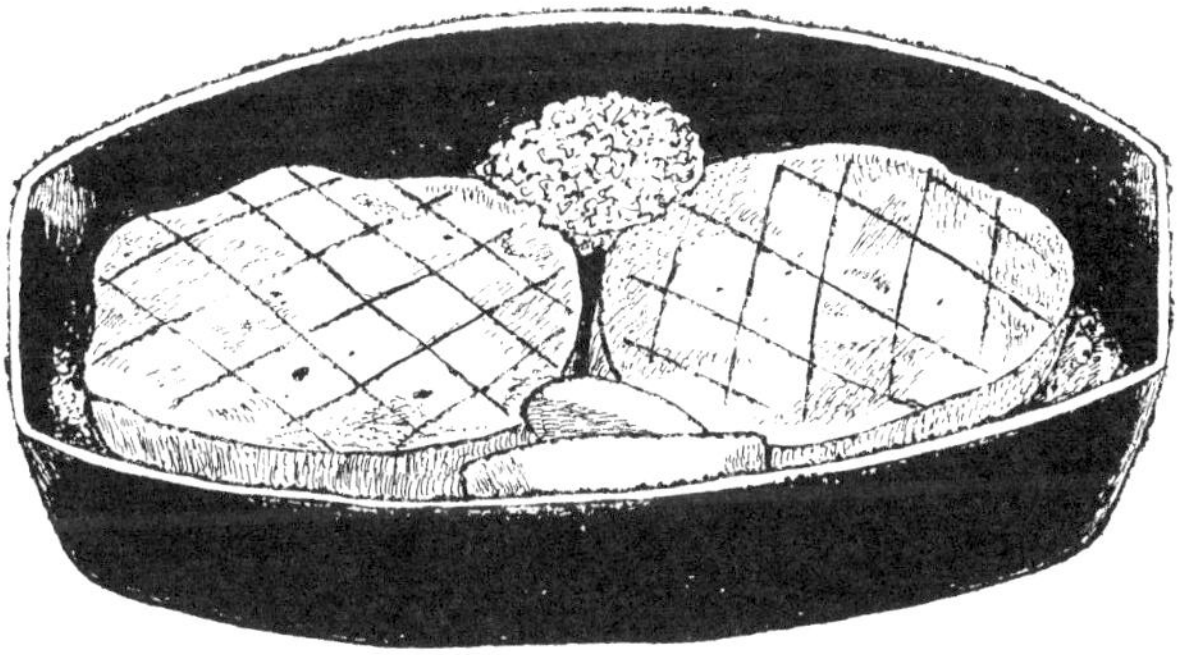

「キネマ旬報」の編集部がどこかに越してからも、たびたびケテルで珈琲をのみながら時間をつぶしたものだが、レジスターのわきに置かれた土産用自家製ハム、ソーセージなどのおさめられたガラスケースのなかに瓶入りのロールモップスを見つけていらい、求めて帰るのが習慣になった。酢にひたした鰊《にしん》の切身を野菜のピクルスで巻いたロールモップスを知って口にしたのは、忘れもしない高校三年の春だから、そろそろ六十年になる。不良仲間の級友に誘われ、交詢社ビルにあったビヤホール、ピルゼンで生まれて初めての銀座の酒宴をくりひろげたときお目にか

かって、世の中にこんな美味いものがあったのかと驚嘆したものだ。すぐに、生ビールにはロールモップスと勝手にきめてはみたものの、これがどこにでもあるというものでもない。ほんらい鯖の塩漬けとともにイギリスの代表的な家庭料理とは、だいぶあとになって知ったが、ドイツレストランという思いがけないところで絶えて久しき対面を果たし、ケテル製のものの見よう見真似で自家製に挑戦したこともある。

数年前のことだ。

朝起きて、きょうはなんとしてもケテルのハムステーキが食べたいという思いにかられた。私には年に一度か二度、目をさましたとたんその日に鰻だの、天麩羅だの、あるいはラーメンなどを猛烈に食べたいという欲求に襲われることがあるのだが、その日はケテルのハムステーキだった。ケテルでは何回か食事をしたことがあり、典型的なゲルマン民族の風貌をそなえた二代目のオーナーらしき中年紳士のすすめにしたがって、ほぼ満足がいっていたのだがメニューにハムステーキのあるのを知って、いつかこころみてみようと思っていた。

子どものころからどういうものか肉そのものよりも、ハムだのソーセージだの、ベーコン、コンビーフのような食肉加工品のほうが好きだった。その嗜好は大人になってからもつづいてるような気がする。子どものころといえば、無論戦時下の食糧品逼迫の非常時で、食肉も容易には手にはいらなかったが、それ以上にハムやソーセージは入手困難の高級贅沢品の趣《おもむき》だったのは、これらの食品はもっぱら舶来と称する外国製品だったからだろう。戦後になって、洒落たネーミングの国産のメーカーによるものが、デパートやスーパーの食糧品売場にならべられるようになってなお、どうしても外国製品に一歩をゆずるの感があるのは、やはり伝統のなせるわざだろうか。

それに食肉加工品は舶来という頭がはなからある世代には、どうしても国産製品に対して戦時中に一般化した代用品のイメージがつきまとっていけない。事実、魚肉ソーセージや、いまや高級品の鯨のベーコンがついこのあいだまで顔をきかせていたのだ。そして、ハムまがい、ソーセージまがいと言いたくなるような国産品が、昨今では定食屋などというらしい外食券食堂にあっては、堂堂主役をはっていたのだ。戦後の復興未だままならぬあの時代、それこそ代用品のハムかつ、ハムステーキは、文字通り垂涎もののメインディシュなのでありました。

ケテルのメニューにハムステーキのあるのを発見したとき、言いようのないなつかしさがこみあげてきたのと同時に、ほんものというのもおかしいが、本格的な、つまりは代用品気分でないハムステーキを食べてないことにも気がついた。気がついて、次なる機会にはハムステーキとこころにきめながら果たせずにいた。それが突然朝の目覚めにあらわれたのだ。おあつらえのようにその日は夕方過ぎに銀座近辺で仕事を終えた。なんとなくこころがはずんで並木通りに歩をはこんだのだが、あの薄汚れた秀吉ビルはケテルもろとも板がこいされていて、新ビル建設工事予定が掲示されていた。

かくしてケテルのハムステーキは幻と化したのである。

ケテルのメニューにハムステーキがあったことでわかるように、ハムはドイツにあってはソーセージとともに欠くことのできない家庭の常備食である。塩漬けにした豚の腿肉を燻製してつくるハムだが、材料の豚は生後半年から十ヶ月ぐらいが最適とされている。ドイツの農家では春先に飼われた子豚を秋まで育て、十一月ごろつぶしてハムやソーセージに加工する。加工されたハムやソーセージは、窓のない北向きの食糧室に吊るされて冬から春にかけての貯蔵食糧になるのだ。ドイツの郊外では農家でなくても豚を飼うところが多く、これらの家ではクリスマス近くになると近所の農家に依頼してハムやソーセージにしてもらい、春先まであずけておくという。

GERMAN RESTAURANT
KETEL
キネマ旬報

ハムと言えばヨーロッパが本場と思いこんでいた私に、火腿と書く中国のものにもまたちがった味わいのあることを教えてくれたのは神吉拓郎だった。戦前のよき時代の東京山の手に育ったこのひとからは、食べ物に関してずいぶんいろいろのことを教えられた。神吉拓郎とは返還前の香港に何度出かけたことだろう。品田雄吉さんや編集者たち四、五人の一行で上海蟹の季節が多かった。東洋文化とイギリス文化の渾然とした香港に惹かれていた神吉拓郎は、その目で見とどけたいと念じていた香港返還までに五年ほど残して世を去った。病床を見舞ったとき「もうペニンシュラホテルなんか予約で一杯でしょうね」などと香港への思いを口にしていたが、岩波文庫の『随園食単』と『華国風味』の二冊を懐中に出かけた香港漫遊のあれこれを、いまでも時どき思い出している。

初めて神吉拓郎などと香港の地を訪れたのは一九八〇年十月で、南博を団長とする第四回アジア藝術祭鑑賞ツアーに参加したのだ。ところが藝術祭会場に熱心に足をはこぶ団長や武智鐵二、舞踊家、能楽師、評論家などなどを尻目に、品田雄吉、長谷邦夫、数人の文藝春秋の編集者、それに私の面面は、神吉拓郎を先達に連日美味探求に明け暮れて、とうとう一度も藝術祭をのぞかなかった。このとき火腿が中国料理に大きな役割を果たしているのを知るのだが、なかでも澄んだ鶏のスープに四角に切った火腿をひたらせた清湯火方は絶品だった。中国本土にあっては、浙江省の金華と、とくに雲腿《ユントエ》と呼ばれる雲南省のものが名産として知られていることもこのとき教えられた。ともに漬けこむ鉱泉と井塩に恵まれた土地なのだそうだ。

香港散策で目につくものに、スーパーマーケットや料理店のウインドに一匹丸ごと仕上がった火腿が、ずらり並んで吊されている光景があって、まさに壮観である。むこうでは目方を表示する度量衡の単位に、イギリス式なのかもっぱら斤が用いられる。お茶の一斤と肉の一斤ではえらいちがいだが、一匹丸ごとの火腿がはて何斤あるものやら、一斤はたしか五百グラムだからなどと頭をめぐらし、香港ドルを円に換算するといくらになるかなどとやってみたのだが、買って帰ったところで成田の検疫でお陀仏必定ときいて、あきらめた。その時分、いやいまでもそうだが、丸ごと一匹分の火腿なんて、横浜の中華街にでも出かけないことにはお目にかかれない。神吉拓郎の言うには、あの火腿を薄い小片にけずったものを、炊きあがったご飯の上にふりかけて暫時蒸したうえで食べた日には、ほっぺたが落ちるそうだ。あのひと、おかしな物の食べ方の大通だった。

「国語辞典」にいう「薄く切ったパンの間に肉、野菜などをはさんだ食品」サンドイッチの語源は、十八世紀イギリスの賭けごと好きのジョン・モンターギュ・サンドイッチ伯爵が、食事の時間を惜しんで食べながら勝負をつづけられるようつくらせたのがはじまりだからという。このときはさんだのは、グレィヴィーのたっぷりかかったローストビーフだと言われるが、サンドイッチはハムサンドにつきるのではと私は思う。

岸田國士に『紙風船』という一幕物がある。新婚らしい夫婦が「晴れた日曜の午後」、東京駅を八時何分かに出る汽車の二等に乗って、鎌倉日帰りの空想旅行をするスケッチ劇で、一九二五（大正十四）年五月の「文藝春秋」に発表された。すでに実際の夫婦になっていたかどうかくわしいことは知らないが、仲谷昇と岸田今日子によって一九五四年六月、一ツ橋講堂で上演されたのを観ている。芝居のなかで夫婦が大船でサンドイッチを買うのだ。戯曲では「サンドウヰツチ」になっている。大船駅のサンドイッチは横浜の焼売とならんで名物だった。『紙風船』の夫は横浜を「こんな処にも用はない」と言っている。

一九六六年から十年ほど茅ヶ崎の団地に住んだ。東京へ出るのに湘南電車を利用した。もちろん国鉄の時代で、民営化論議の囂《かまびす》しかったころである。それにしても国が金を失うと書いて国鉄なんて、誰が言い出したのか知らないが、うまかったね。

それはさておき、せっかく湘南電車を利用するのだから、横浜の焼売はともかく大船のサンドイッチとは是非とも昵懇になりたかったので、早速やってみました。まだホームに立ち売りのいた時代で車窓から求められたのである。お値段のほうだが、やはり大船名物と称していた鯵の押寿司と同額の七十円ではなかったか。待望の大船駅のサンドイッチだが、薄く切られたパンに、これまた薄っぺらなロースハムが一枚はさんであるだけの、私たちが子どもの時分に味わったハムサンドとまったく同じものだった。そろそろサンドイッチといえば、漫画の「ブロンディ」でダグウッドがかぶりつくような、高さ何センチという具沢山のアメリカンスタイルのものが町の喫茶店などで幅をきかせていた時分だっただけに、クラシックでシンプルにつきたこのハムサンドに心底しびれた。心底しびれて、すべからくサンドイッチはかくあらねばと思った。そう思いながらも、いつの間に暖衣飽食に馴らされてしまったのか、いささかの物足りなさを覚えたのもまたたしかなのである。

その湘南電車でこんなことがあった。

白い麻の背広、絹のワイシャツに蝶ネクタイ、靴は無論白靴。ステッキに帽子。その時分でもアナクロニズムの香気芬芬たる老人だが、なんともさまになってるその佇いに、向いあってかけていた私はほとんど見とれていた。老人と書いたが、いまの私の年齢とおっつかっつかもしれない。この老人が大船駅でサンドイッチを買ったのである。無論車中で食べようという魂胆で、こういうひとが大船のサンドイッチをいかなる食べ方をするものか興味津津たるものがあったので、読んでる本のあいだからそれとなく視線を投じたのはいうまでもない。ていねいに紐をほどき、つつみ紙を折りたたんだ老人が次にやることといったら、同封されている紙製の手ふきで手をふくしかない。ところがこの老人、紙の手ふきの封も切らずに鞄にしまいこむと、なかから煙草の箱大の銀色のケースを取り出した。蓋をあけるとさらに中蓋があって、卵型した穴のなかにアルコールにひたした綿がはいっている。この綿をほんの少しちぎると指の先をふき出したのである。

なつかしかった。日曜日家族連れだって遊園地に出かけ、昼食のお弁当をひらく段になって、あのケースから出した綿で指をふかされるのだが、アルコールのにおいがおにぎりにつきそうでいやだったのを思い出した。あのケース、指頭消毒器というそうだ。この日の光景を知りあいの薬屋さんにはなして、その薬屋さんからきいたのである。いまでも店に置いてあるけれどほとんど売れないときいて、ためしに求めてみたのだが、プラスチック製の安っぽい玩具みたいなもので、一度も使うことなくどこかにほうりこんだままである。いまでも往診に行くお医者さんは、鞄のなかに指頭消毒器をしのばせているのだろうか。

そこらの定食屋にあるようなものでない、ちゃんとしたハムステーキが食べたい望みは、ケテルがなくなったから捨てたわけではない。だからと言って、仮にメニューにあったとしてもシャンデリアのさがったシティホテルでいただくほどのものではあるまい。その点、ケテルという店はなんとも言えない程の良さをそなえていたように思う。いつか湘南電車の車中で出会った老紳士を、テーブルにつかせてぴたりとおさまること受け合いである。

鰻

　子どものころに見たアルバムの写真のなかには、妙に記憶に残されているのがいくつかあって、その画像にまつわる光景が、いまでも夢にあらわれたりする。そんな一葉。

　一本の見事な大樹を背にして、和服洋服とりどりの老若男女が二十人ほど何列かに並んでいるキャビネ判の記念写真で、最前列の右端に同じ年ごろの従兄弟たちとかたまっている幼いおのが姿も見出せる。親類縁者が集ったなにかの席で、場所は浦和太田窪の鰻屋の庭先ときいて、マグネシウムの発光機を高くかかげた写真屋の姿を思い出したりしたものだ。あの時分の宴会場や料理屋などには、出入りの写真屋がいたのだろう。

　当然のことながら、その写真には見知らぬ顔もいくつかあって、どこの誰なのか、親父であったかお袋だったかに訊ねまくったときにきかされたはなしでは、鰻の焼きあがる時間があまり長いので、退屈しきった私や従兄弟どもが散散駄駄をこねて大人たちを困らせたらしい。そうきいて、なんだかそんな記憶がおぼろげに甦ってきたような気もしたのだが、とにも角にも鰻屋というところは長い時間待たされるものだという知識を、子どもながらも持たされていたことになる。

やがて戦争が激しくなって、銃後とよばれた世間は未曾有の食糧飢饉に見舞われるところとなって、待つも待たぬも鰻にありつくなどとは、縁もゆかりもない暮しがつづいた。その戦争に敗けて、六・三制という新しい教育体系下の不良中学生の分際が、放課後のぞいた寄席の高座で、八代目桂文樂演ずるところの『鰻の幇間《たいこ》』という世にも哀しい落語をきいて、しがない野幇間の一八がさり気なく「鰻屋へ来て急ぐのも野暮だけどもね」なんて口にするのにふれたとき、思いがけずこみあげてくるものがたしかにあった。鰻屋では急いではいけないとする、どこの誰にも根づいていた生活規範を、戦争という国をあげての大事業が忘れさせてしまっていたことを、桂文樂の落語が気づかせてくれたのだ。

言うところの大衆食堂などではいざ知らず、ちゃんとした暖簾をかかげた鰻屋で、注文の品が食卓にとどくまでに相応の時間がかかるのは、客の注文をきいてから鰻を割《さ》き、いったん蒸しにかけ、それから焼きあげるという手順をふむからである。おな

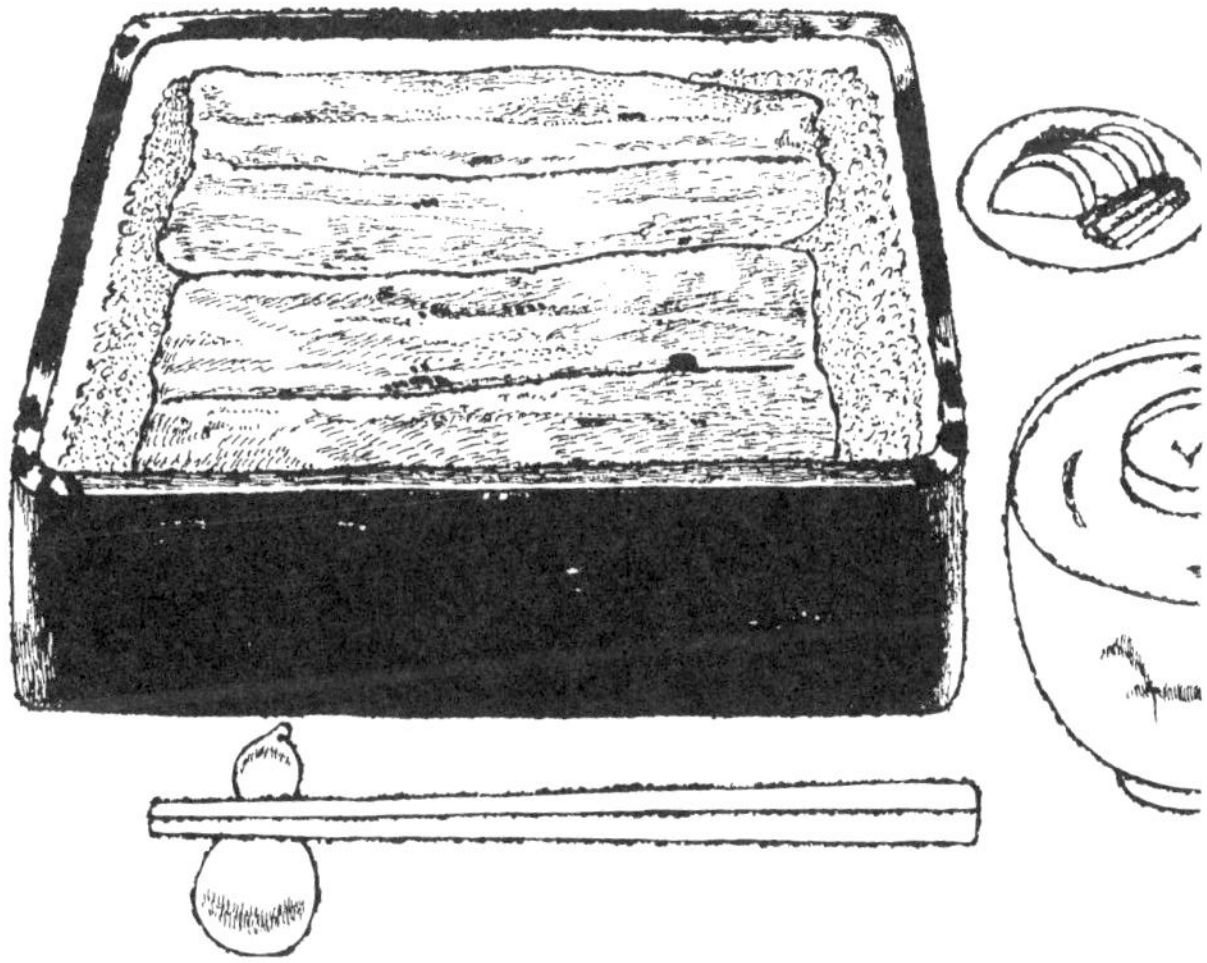

じ桂文樂の十八番『素人鰻』では、鰻屋を訪ねた客が、「あ、職人もいいが魚《うお》もいいや、旦那そこのちょっとこう頭ァ持ちあげましたね、そいつをひとつ上げてみておくんなさい」と、あらかじめ焼いてもらう鰻を指定するくだりがある。客に供する活魚を、水槽の生け簀に泳がせている店を見かけるが、あれは鰻屋のやり方を真似たものだろう。

ところで先程『鰻の幇間』を世にも哀しい落語と書いたのだが、哀しい落語であって、悲しい落語ではない。あわれでふびんに思う「哀しい」であって、心にいたみを感じしなげく「悲しい」とはちょっとばかしちがうのだ。

その哀しい『鰻の幇間』だが。

野幇間の一八。暑い土用の日盛りの街中で、なんとか昼めしにありつこうと、やっとのことでつかまえた浴衣がけの男をとりまいて小汚い鰻屋の二階にあがったまではよかった。この浴衣がけの男、住居《すまい》を訊かれても「せんのとこ」の一点ばり。結果は、美味《うま》くもなんともない鰻屋の勘定を支払わないばかりか、二人前の土産をつくらせた上に、一八が今朝買ったばかりの柾目《まさめ》の通った五円の下駄まではいて逃げてしまった。

無論、一八とて海千山千の甲羅はだてに経てはいない。ふだんだったら、浴衣がけで手ぶらの男に、まんまとひっかかるわけがない。一八にとって不幸だったのは、ときあたかも夏の土用であったことである。土用のさなかに、それでなくてもやっとの思いでくらいついた相手に、「どうでえ、鰻を食うか」と持ちかけられたのだから、たちまち「よッ、鰻結構ッ、久しく鰻てえものにお目にかかりません、あのレキでしょ？　ノロでしょ？　土用のうち、鰻に対面なんざァようがすな」と相好くずしてしまったのも無理はない。まことにタイミングが悪すぎた。

ついでに書けば、一八が喜んで口にする「レキでしょ、ノロでしょ」の「レキ」と

「ノロ」だが、レキがレコから転じた「これ、あれ」と同じ代名詞で浄瑠璃社会の隠語だったことは『広辞苑』にも載っている。だが「ノロ」のほうは、二冊持ってる「隠語事典」に記載がない。安藤鶴夫『落語鑑賞』の『鰻の幇間』の「語釈」には、

ノロ　鰻のことか。典拠みあたらず。鰻はぬるぬるしているところから、ぬるがノロに転じたか。そんな気もする。

とあった。

ところで土用の、それも丑の日に鰻を食べると病気にならないというのは、無論一種の迷信にちがいない。ちがいないが大伴家持が吉田連《むらじ》石麿のひどく痩せているのを嗤って、「夏瘦《なつやせ》に良し《よし》、武奈伎《むなぎ》取食《とりくえ》」と歌に詠んだ故事を持ち出すまでもなく、スタミナを消耗しがちなこの時期に栄養価の高い鰻を食べるというのは、合理的な知恵と言っていい。

この習慣を世間にひろめたのは平賀源内とも大田南畝だとも伝えられ、不振にあえいでいた鰻屋の店先に、「明日土用丑の日」という大看板を立てさせたところまたた

く間に家運を盛りかえしたという。いかにも希代のアイディアマンにしてアルチザンの考え出しそうなことである。おかげで大晦日の蕎麦屋よろしく、土用の丑の日の鰻屋、かきいれ大繁昌の戦場さわぎを呈するところとなった。なのに暖簾を誇る老舗の鰻屋のなかには、あえてこの日は商売を休むところがなくもなかった。たてこむとどうしても仕事が雑になるからという、天晴れ見あげた商人の心意気と感心するのはちょっと早い。若月紫蘭『東京年中行事』（東洋文庫）など見ると、

これは平生に出してある鰻の切手が、大抵この日一時に持ち込まれると言う風なので、品ははけるが現金が入って来ることが少ない為に、ずるい手段として休業するのである。

とある。かくして、

客の方では平生得意でもない鰻屋から、価が高くて不味い鰻を取るのだと聞いては、いささか呆れざるを得ぬ次第である。

明神下
茂
神田川

ということになる。なんのことはない、『鰻の幇間』で野幇間の一八が哀しい目にあうというのも、土用の日盛りという背景があったればこそで、納得がいくというものだ。

その『鰻の幇間』と、これまた鰻屋が舞台の名作『素人鰻』を演じて絶品だった名人桂文樂自身、鰻が大の好物だった。明神下の老舗神田川が贔屓で、お祝いごとなどにこと寄せて、親しくしているプロデューサー、ジャーナリストなどなど招いて二階の大座敷でひらく宴席の、私も何度か末席を汚させていただいた。ひとには辛口の樽洒をすすめて、自分はあずけてあるスコッチをお茶で割ってのむのが文樂の流儀で、藝談、懐古談、ときには猥談までがとびかう、あれはまさに至福の一刻だった。

こんな桂文樂の鰻の宴席がいつも昼間であったのが面白い。夜はなにかと忙しい落語家たちには、昼間の宴席をいとわぬところがあって、襲名披露、法事などの祝儀不祝儀の催しのほとんどが昼間行なわれる。そんな習慣が文樂をして、個人的な楽しい語らいの席を、昼下りの明神下神田川にもうけたのだろう。それに晩年の桂文樂は、体力的に夜の宴席はひかえたかったと思われる。この席でご機嫌になった文樂が、

「私がここの座敷が好きなのは、東京のまんなかにありながら静かだからなんです。どうです、おもての音てえものがきこえないでしょ」

と口にしたのを二度ならずきいている。たしかに秋葉原の雑踏近くにありながら、外の騒音が気にならないのである。

そんなこともあって、一九七三年に山口瞳から「どうしても古今亭志ん生の『大津絵』をききたいのだが、なんとかならないだろうか」というはなしがあったとき、すぐに場所は明神下の鰻屋神田川ときめた。このときのことを山口瞳は、

実は、志ん生さんのほうで神田川と指定されて、ほっとしたような気持になった。亀清でも金田中でも新喜楽でも、どこでも私は受けるつもりでいた。しかし、金田中となると、あとで芸者を呼ぶべきものかどうか、私には、かいもく、わからない。

として、

神田川ということで、私は咄家の世界の一端をうかがい知ったように思った。有

難いことに思った。

と「週刊新潮」の「男性自身」に書いている。

山口瞳が「噺家の世界の一端をうかがい知った」鰻の神田川は、桂文樂が贔屓にしていたこともあって、落語協会の寄合などにもしばしば利用されていた。大新聞の社会面までにぎわせた一九七八年の落語協会分裂騒動の舞台になった際など、何台ものテレビカメラまで持ちこまれたから、あの大座敷が人で埋まり、二階が抜け落ちるのではと心配させた。

子どものころ鰻屋の庭先で撮られた記念写真ではないが、おなじ外食でも鰻を食べるのはハレの行為に通じるようなところがある。そのあたりが江戸っ子好みの食い物三傑のなかで、寿司、蕎麦とは趣を異にしている。そのせいもあってか、一般に鰻は高い食べ物という印象が強く、事実まあけっしてお安くはないのだけれど、それではなんだか鰻がかわいそうな気がする。ある程度名の通った鰻屋の入れこみの席で、肝焼と白焼でお酒の三本ものんで、あと蒲焼でごはんを食べても、まあ一万円あればなんとかなる。ホテルの食堂でワインなどやりながら、ステーキを口にしたらばとてもおさまる勘定ではない。気のきいた寿司屋でもおなじことだ。なのに世間には肉や寿司は高くてあたり前と許してしまう風潮がのさばっているのか、鰻贔屓といたしましては、いささかなりとも片腹痛い思いをしてるのだ。

だからといって余暇さえあれば鰻屋の暖簾をくぐっているわけでは無論ない。食べ物に好き嫌いはないが、なかで格別に好きなものとなるとこれが鰻で、好きなものだけは筋の通ったところのもの以外は避けたいという頭がこちらにはある。それでなくてもハレの食べ物と対面するときぐらいは、気にいった店で、できることなら白焼から順にいきたい。だからどうしても時間と懐《ふところ》のほうに余裕のあるときに限られる。鰻は高くないと言ったそばから懐中勘定を持ち出すあたり、だらしがない限りだが、高くないというのはあくまで価値観の問題なので、現実にそうそう一万円ものおたからを外食に投じられる身の程ではない。それにほんとうに好きなものを食べるときぐらいは、すべての面にゆとりがほしいと思うのだ。歯をくいしばって美味いもの食べたって、それこそ身につくまい。

遠く『万葉集』の時代から歌にうたわれた鰻だが、その時分の調理法はまるで伝えられていないという。だいたいが下賤な魚と見られていて、やっと元禄(一六八八〜

一七〇四）のころの京、大坂のそれも場末で鰻の蒲焼屋が見られるようになり、江戸ではさらに遅く安永、天明（一七七二〜八九）期にはじめて府内に鰻屋があらわれたという。

一八五三（嘉永六）年刊の喜田川守貞『守貞謾稿』が、「京坂は背より裂きて中骨を去り」「江戸は腹より裂きて中骨および首尾を去り」と記している鰻の捌き方だが、いつのころからか本山荻舟『飲食事典』の言うように、「関西の伝統では腹からさくウナギを、東京では背開きを本格」とするようになったのは、武家社会だった江戸では「切腹」を連想する腹開きがきらわれたからだとも言われている。

その鰻の関西風と関東風だが、近ごろでは全国的に東京風が幅をきかせて、割いた鰻を頭のついたまま素焼にしてすぐたれをつけるいわゆる長焼は、本場の関西でもかげが薄いようだ。割いた鰻をいったん蒸しにかけ、あがったものに竹串をさして、備長炭の強火になるのを見定めて、たれをつけながら丹念に焼きあげる東京風だが、昨今では下ごしらえよろしくあらかじめ蒸しておいたものを、注文によって火にかけるところが多くなった。ましてや客の注文をきいてから鰻を割く店なんて、本場風をほこる東京でも数えるほどしかない。「鰻屋へ来て急ぐのは野暮」も、そろそろ死語になりつつある。

急ぐのは野暮はさておき、東京風蒲焼のいいところはいったん蒸しにかけるから、焼きあがりがやわらかいことにある。『鰻の幇間』の一八ではないが、

「お、大将こりゃあ恐れいりましたよ。舌へのっけますとね、とろッときます、とけそうですよ」

というのが身上なのだ。

生粋の東京ッ子で、しかも人なみはずれた鰻好きをもって任じている連中五、六人が、そろいもそろって「こいつは美味い」と舌をまいた関西風の鰻の蒲焼があるのだが、ところというのが北海道は旭川ときているから、はなしの念も入っている。

案内人は柳家小三治だった。連れて行かれたのは鰻屋ならぬなんの変哲もない居酒屋だった。居酒屋だから、ありますものも居酒屋風の品品がメインで、それぞれみんな美味いのだが、小三治師匠推奨の関西風鰻の蒲焼は絶品だった。さすがに首と尻尾は落してあったが、捌いた鰻を四半分にして、炭火にのせると蝦蟇の油よろしくたらりたらりと、ほどよく油が落ちるまでやや辛目のたれをつけながら、長い時間をかけて焼きあげる。無論東京風の口のなかでとろりととけるようなわけにはいかない。大

袈裟な言い方をするなら、『鰻の幇間』で勘定が自分の払いと知ったあとの一八が、この店に七年いるという女中相手にこぼす、

「とろっとくるかい？　三年入れたってとけやしねえ、ぱりぱりしてら、干物《ひもの》だよまるで」

というのに限りなく近いのだ。

だが、これが美味いのだ。素朴につきてはいるが、まぎれもない鰻そのものの味がする。感心するのは素焼でありながら、歯にあたるぐらいの固さの残る皮にしみこんだ油っ気のほどの良さだ。

某料理評論家の言い方にならえば、「ていねいな仕事がしてある」のだが、居酒屋といえども、鰻は急ぐのは野暮というのは、やはり鉄則でありました。

蕎麦

むかしとまで言わずとも、ほんのちょっと前まで街でよく見かけた光景が、ある日突然その姿を消してしまったなんてことに、いつの間にかすっかり馴れっこになってしまった。そば屋の出前持ちを目にしなくなって、もう何年になるか。

長方形の大きな盆に、蒸籠を何段にも高く積みあげて、三列か四列にならべた尋常な目方ではないはずのものを右肩にかついで、左手一本で器用に自転車のハンドルあやつって街なかを突っ走る姿なんてものは、颯爽としていて、まさにプロフェッショナルの極み、あれも立派な職人藝のひとつだった。落語『船徳』の若旦那が憧れる船頭ではないが、わきから「音羽屋ッ」なんて声がかかってもおかしくはないいなせぶりだと思うけど、実のところはあの出前持ち、けっしてオツな二枚目の役どころではなかった。小沢昭一の本格的映画デビューは、川島雄三監督の『洲崎パラダイス 赤信号』で、役はと言えばこれがそば屋の出前持ちでありました。

子どものころ、親に連れられてそば屋にはいった記憶が、私にはない。山の手育ちのためだろうか。浅草に育った永六輔のはなしでは、家族そろって銭湯に出かけた帰りなど、よく連れだってそば屋にはいったものだという。そんなとき、斥候よろしく一足先にそば屋をのぞいて、店に知った人がいないことをたしかめるのが、幼かった六輔氏の役目だったそうだ。人前に物を食べてる姿をさらすのを恥じるのが、下町の流儀だったようだ。そういえば、私は彦六という隠居名で逝った八代目林家正蔵から、食べ物屋で知人に会っても、けっして挨拶してはいけないと教えられた。

だから蕎麦と言えば自分の家で、それも出前をたのんで食べるものだと思っていた。その出前も、休みの日の小腹の空いたときの虫押えであったり、ちょっとした客人のもてなしだったりで、要するに三度三度の食事とは別のものといった感覚だったような気がする。そして蕎麦の出前は、わが家のばあいもりと称する蒸籠に盛られたものにきまっていた。親戚の誰それは、蒸籠を自分の背の高さまで積みあげたのをたいらげたというはなしを、家で蕎麦をあつらえるたびに、祖母からきかされたものである。

戦争が泥沼化して未曾有の食糧飢饉に見舞われ、蕎麦の出前とも縁がなくなった。出前がとれなくなったのに引きかえ、三度の食事の御飯にかわって、ときに蕎麦が食卓にあがるようになった。無論、乾麵を茹でた自家製で、世にも哀しい代用食なんて

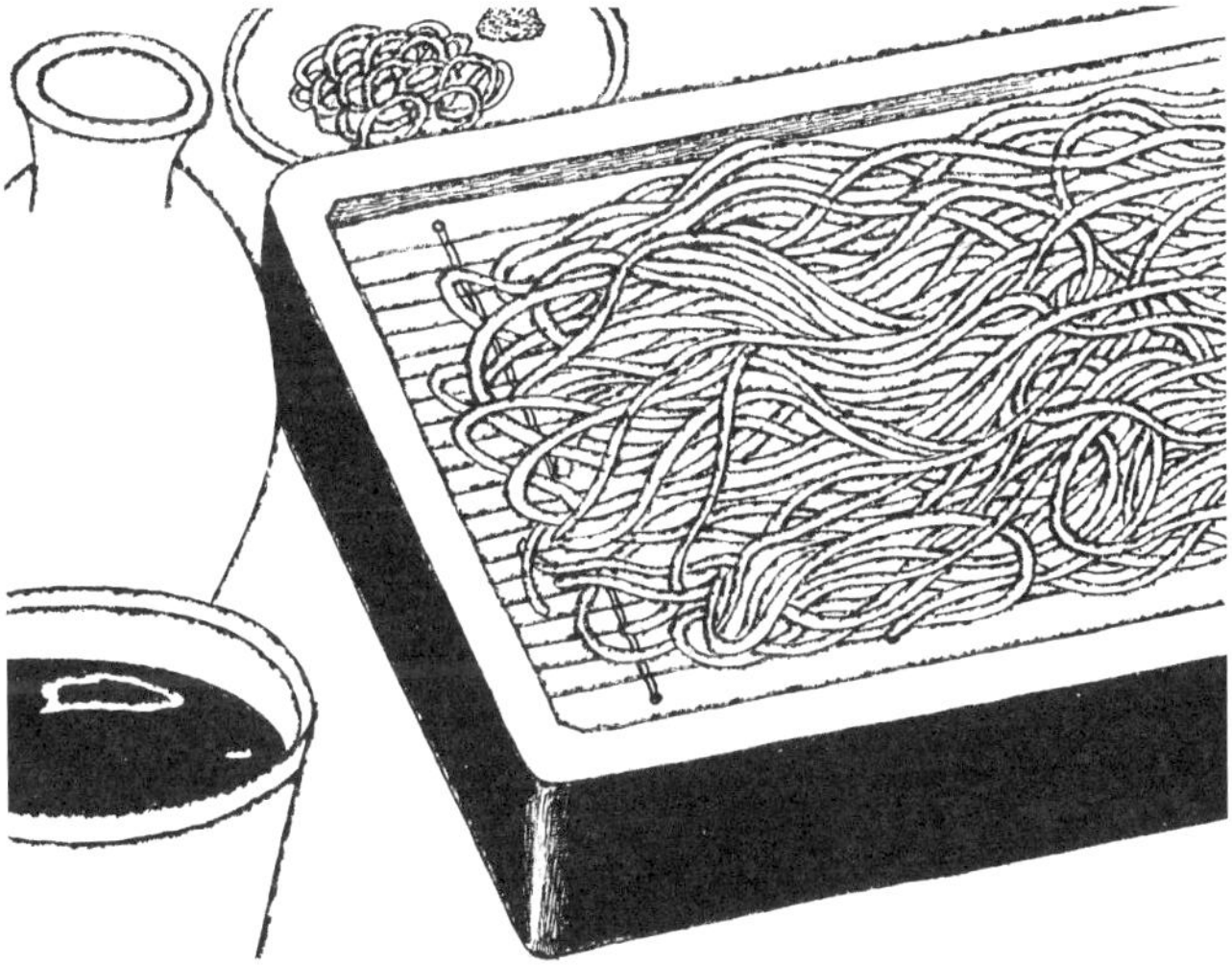

言葉が銃後の巷で使われ出していた。茹でた乾麵を冷して蒸籠に盛ろうにも、蕎麦用の蒸籠なんて家にあるわけもなく、丼に入れた種ものである。油揚のはいったきつね、精進揚の天麩羅などで、ほんものの天麩羅蕎麦は海老の天麩羅だときいて、そのほんものに憧れたものである。

日曜日に家族連れで日本橋のデパートに出かけた際、食堂で小旗の立てられたお子様ランチにありつくのが楽しみだったが、そんなものの姿を消した貧しい見本のケースに、干瓢の海苔巻があった。御飯が干瓢と同じような色をしてるのは、白米ならぬ五分搗きのものを使用したのだろうと思ったら、なんとこれが蕎麦だったのである。蕎麦の海苔巻なんて珍なる食べ物にお目にかかったのは、無論これが最初で最後のことだ。

珍なる食べ物と言えば、三代にわたる通人で最後の戯作者鶯亭金升の「日記」、一九四二年六月一日の項に、「明治以来見たこともなき、珍らしき食物に遇うこそおかしけれ」と列記されているのが、

数の子の天麩羅、ライ魚の蒲焼、鰻の天窓の佃煮、鯨のフライ、兎のシウマイ、芹と鮪（葱まにあらぬセリマ）、イカタマ（烏賊入りの卵）、海独活、鯵の粕漬、鰯の味噌漬、丸どじよう串ざし、螢烏賊の佃煮、こんにやくの天麩羅、鰹節と菜のスープ、赤貝のつけ焼

で、「その他珍らしき肴多し」として、「菓子は三四種となりて、羊羹、カステーラは容易に手に入らず」とつづく。とは言え金升翁が明治このかた口にしたことがないだけで、それほどの珍物とも思えないというのが、飽食の時代に身を置いての率直なる感想で、人間というものは物の足りないときにはそれなりの工夫をしてのける知恵

を持っていることを、あらためて教えられる。蕎麦を用いた干瓢の海苔巻だって、いま食べてみて案外オツなものかもしれない。

初めてそば屋に足踏み入れたのは、中学二年のときだから一九四八年で、食糧事情もひところより好転したとはいえ、食糧管理法による統制が完全撤廃されておらず、米食の外食券同様に粉食券を必要としたものだ。放課後の肩鞄下げたまんまの恰好で、学校のすぐ近くのたしか大村庵と言ったと思うそば屋に、家から持ちだした粉食券を二枚持ってた級友に誘われたのである。印刷された一覧表の品書が、ポスターよろしく壁に張り出され、いちばん右の欄に「もりかけ十五円」とあるのだが、「もり」と「かけ」のあいだに空白がない。

とりあえずいちばん安い「もりかけ」なるものを注文しようとはなしあっていると、別の席にいた先客が声をかけてきて、その先客がにが手にしていた英語の教師だったから、ふたりとも一瞬たじろいだ。たじろいだがその教師の口から、出前でなじんでいた蒸籠に盛られた冷いのがもりで、丼にはいった熱いのをかけといい、もりとかけは別物であることを教えられたのである。くだんの英語教師はと言えば、もりの蕎麦を熱くした熱もりなるものを注文して、おまえたちとはちょっとばかしちがうと言わんばかりに得意気だった。その後こちらも熱もりというのを何度か試みてみたが、熱い蕎麦ならかけのほうが美味いというのが結論だった。

江戸っ子がいまわの際に、

「おめえたち、ざる蕎麦のつゆはたっぷりつけて食えよ」

と言い残したという小咄があるが、江戸っ子ならではの軽薄な、見栄と気取りを言いつくして妙なものがある。

器用な手つきで、箸の先にかけた蕎麦の先端を、ほんのちょっと、それこそつくかつかないか判然としないくらいの間でもって、猪口のつゆにふれると、つるつるといせいのいい音たてて口におさめるのは、まことに小気味のいいもので、はたで見ていても格好がいい。だが、つゆがほんのお義理にふれる程度で、蕎麦だけ食ったのではあまり美味くないのもたしかで、洒落た小咄も生まれる。けれどもあえて言わせていただけば、いまでも本式のいいそば屋で出すつゆはかなり辛くて、あの格好いい食べ方をしたほうが食べやすいし、だいいち美味い。その意味では、死に際に蕎麦つゆに未練を残した江戸っ子は、あまりいい蕎麦にありつけなかったのかもしれない。

それでなくても、江戸は蕎麦、上方はうどんと言われる江戸の蕎麦つゆは、辛口を

大村庵
大村庵
生そば
大村庵

もって本寸法とされてきた。

芝居の『雪暮夜入谷畦道《ゆきのゆうべいりやのあぜみち》』で、そば屋の常連客按摩の丈賀はかけ蕎麦を食べたあと、湯桶《ゆとう》から蕎麦湯を注いでもらう。もり蕎麦に蕎麦湯はつきものだが、かけにも蕎麦湯を注ぐのはそれだけ江戸の蕎麦つゆが辛いからだ。いまでも老舗のそば屋では、もりやざるだけでなく、丼の種物にも蕎麦湯をそえてくれる。ついでに書けば、あの芝居で丈賀の来る前に片岡直次郎が天麩羅蕎麦を注文し、「天麩羅はあいにくヤマになりました」と言われ、「そんならただのかけでいい」と、そのかけ蕎麦を美味そうに食べてみせる。観ているこちらも、思わずつばなどのみこむのだ。芝居のはねたあとの劇場近くのそば屋では、客のみんながみんな直次郎を気取って熱燗一本つけてかけ蕎麦を注文したなどと言われたものだ。直次郎を演った六代目尾上菊五郎だったたか、十五代目の市村羽左衛門であったたか、自分が食べる前に蕎麦を食べてる捕吏役に、「あまり美味そうに喰うな」と注文をつけたという。美味そうに喰われると、直次郎の食べっぷりが生きないからである。

「あの場面は、やっぱり蕎麦やないとあかんな。うどんじゃ具合悪いで」

と芝居好きの大阪人をくやしがらせるが、かの『柳多留』に、

そば切が二十うどんが二十七

という句がある。言うところの難解句で、「討入り前に四十七士がそば屋に集まった」という俗説をふまえてのものだ。江戸好みの蕎麦派を西のうどん派がおさえているバランスには根拠があって、いちはやく赤穂から江戸に下って吉良家の動向をさぐっていた二十人が、郷にしたがって蕎麦派に転向したというわけだ。

蕎麦の値段も時代によって変遷があったはずだが、芝居や落語にあってはまず十六文というのが通り相場になっている。蕎麦を打つにあたってつなぎに入れる小麦粉を、蕎麦八に対して二の割合とした二八蕎麦からきているというのが通説だ。もっとも毎度お世話になっている本山荻舟『飲食事典』によれば、十六文は天保年間（一八三〇～四四）のことで、

寛文には八文、貞享には六文、元禄には七文であったからこの附会は成立たず、かえってツナギの混合率が乱れてソバ屋自身が本意を失い、水野越前守の天保改革

で諸物価の強制的値下げが行われ、ソバ一膳十五文と限定された時、あわてて看板を「三五そば」と書直し、物笑いになったという挿話も残っている。

そうだ。

いずれにしても、二八の割合は近年だんだんとくずれてきて、街の駄そば屋などでは逆二八なんてすさまじいものもあらわれたという。そば粉が二割しかはいってないというから、これはもううどんの範疇と申すべきだろう。専門の高級そば屋などでは、わざわざ二八蕎麦と銘打ったり、ときに十割蕎麦というのをメニューに記しているところもある。つなぎに小麦粉を使わずに蕎麦を打つのはなかなかに技術がいるらしい。何度かこの十割蕎麦というのを食してみたが、素朴につきすぎて江戸前の洗練さに欠けるといったところが、率直な印象である。

素朴につきる味と言えば、本場とされる信州の蕎麦の素朴さはたまらない。出かける機会のあるたびに、現地のひとのおすすめにしたがって訪れた店で食すのだが、まず満足である。ただ、もうひとつ贅沢を願えば、信州の蕎麦を江戸風の辛口のつゆで食べてみたい。これは古くから蕎麦好きのひとしく願うところであるらしく、いまから百年も前の一九〇七（明治四十）年、東京日本橋は敬文館なる版元から出た『通の話』なる珍本で「蕎麦通」の項を担当している劇評家の先達幸堂得知も、

蕎麦《そば》は信州《しんしう》といひますが全《まつた》く彼《か》の地方《ちはう》のやうなのは到底東京《たうていとうけう》では口《くち》へは入《はい》りません第一水《だいいちみず》からして違《ちが》ひますから彼地《あそこ》の粉《こ》を持《も》つて來《き》てこしらへても如何《どう》も本統《ほんたう》の味《あぢ》が出《で》ない、それに彼地《あちら》のは決《けつ》して東京《とうけう》のやうにポツ〳〵に切《き》れません、之《こ》れは何故《なぜ》かといふのに信州《しんしう》では生蕎麦《きそば》ばかりの中《なか》へ芋《いも》を連《つな》ぎに入《い》れるから切《き》れないばかりでなく至極結構《しごくけつかう》な味《あぢ》が出《で》るのです、然《しか》し惜《を》しい事《こと》には田舎《ゐなか》では汁《したぢ》が悪《わる》いので弱《よは》ります

と書いている。この本でいう蕎麦のもっとも通な食し方というのが、

純粋《じゅんすい》の生蕎麦《きそば》を大根卸《だいこんおろ》しの搾《しぼ》り汁《じる》へ醤油《しやうゆ》を三四滴落《てきおと》したもので食《く》ふ

とある。一度ためしてみたが、これかなりいけます。

発足いらいもう四十二年になる東京やなぎ句会というのがあって、いまでも月一回

の定例句会を五・七・五で毎十七日に開筵しているのだが、一九八一年四月から九七年六月までは四谷倶楽部が会場だった。四谷倶楽部なんて気取っちゃいるが、満留賀綜本店、はやいはなしがそば屋の二階だ。そば屋の二階がちょっとした会合の席に使われるのはよくある例だが、戦前のよき時代には、こちらから声をかけない限り女中が顔を出さないのをいいことに、ご婦人相手のちょっとした会合にしばしば利用したものだとは、これも先輩劇評家の秋山安三郎老からきいたはなし。とにあれ、そんな二階をかまえた気のきいたそば屋が淘汰されていく世の趨勢に、句会の会場として格好だった四谷倶楽部も流されていかざるを得なかった。

四谷倶楽部のあった満留賀綜本店は、いいそば屋だったと思う。手ごろなお値段もさりながら、お味のほうもまずまずで、とくにかけ蕎麦が絶品だった。流行り言葉になってしまってあまり使いたくないが、「こだわり」のある主人の方針が行きとどいていて、大もりはメニューになく、注文されても応じなかった。つくれ、つくれないと、三十分近くも客と押問答してたのを目撃している。おかめやあんかけはうどんに限り、カレー蕎麦がありながら、ごはんもののカレー丼がない。もっともこのカレー丼だけは、句会仲間のたっての要望で句会当日だけの特別メニューになった。

気がつけば、この満留賀綜本店のように手ごろな、色川武大流に言う街蕎麦の店が東京から姿を消した。いまや東京でそば屋と言えば、「ええッ、これがそば屋の勘定かい」と、はしたないことを口ばしりたくなるような高級専門店か、食券販売機そなえた立喰いそば屋のどちらかになってしまった。気のきいた街蕎麦の店の成立を許さないのが、当世経済事情というものらしい。

ちゃんとした食事というより、小腹の空いたときや、時間つぶしにも使えるのもそば屋の効用のひとつだろう。喫茶店の数よりはるかにそば屋のほうが多かった戦前には、喫茶店感覚でそば屋を利用したものだと、長老たちが口にしていた。そんな伝統をいまなお受け継いでいるそば屋を、つくづく有難いと思うのは、食べ物屋のあらかたが準備中だの仕度中だのの札ぶら下げている、ランチタイムを終え灯ともし時にはまだ間のある時間帯にも、休まず営業していてくれることだ。

時分どきの喧噪ぶりが嘘みたいな静寂の支配している店の片隅に席をとり、まずはお銚子一本つけてもらって、ほっと一息つく気分がなんともたまらないと、昼下りのそば屋の酒に凝っている同好の士が少なくない。それでなくてもそば屋で出す酒はよりすぐった辛口が多く、焼海苔、かまぼこ、卵焼といったつまみにぴったりだ。近ごろでは、蕎麦焼酎の蕎麦湯割を供する店もあるようだが、世間の人が額に汗している時間に過ごす至福に、焼酎は似合わないと思うが、どうでしょう。

鶏卵

都会派短篇小説の名手神吉拓郎は、パロディの天才だった。

かつて雑誌の「オール讀物」に、「黄色ページ」と称する、洒落たセンスにあふれたパロディのコーナーがあって、毎号楽しみにしてる読者が多かった。全ページ無署名の短いコラムで構成されているそのコーナーには、山口瞳、飯澤匡、村島健一なんて人たちも執筆していたようにきいたが、私がその一端に加えていただいたころのチーフが神吉拓郎だった。彼が『私生活』で直木賞を受けた一九八三年時分のはなしである。「黄色ページ」史上に残る傑作といわれた「誤植」なるタイトルのショートショート、

葦の髄から天井のぞく

も彼の作だった。

そんな仕事のあい間の手すさびに、神吉拓郎とふたりして、私家版「日本偽書番附」というのをこさえようという企みが持ちあがり、「とりあえずは東の関脇から始めましょう」とあいなった。とりあえずもなにも、まずは東の関脇からというのがいかにも神吉拓郎だったたが、結局この「日本偽書番附」、東の関脇一冊に終わった。その一冊が、『日本帝國鶏卵史』で、ちゃんとした奥附だけつくった。

日本帝國鶏卵史
大正十六年一月十五日　印刷
大正十六年一月二十日　發行
著者　農學博士　多田野仁兵衞
發行者　東京市本鄕區森川町十一
　安部隆一郎
印刷者　東京市小石川區久堅町一〇八
　野川菊松
發行所　東京市本鄕區森川町十一

電話本郷三三二九六
振替東京三四〇四五
日本帝國養鶏技術推進會

この奥附の上部と下部に右から左の横書で、「不許複製」「帝國印刷株式會社　印行」と記して、「定價　貳圓」としようという私の案に、「不許複製」より「不許複數」のほうが、「定價」も「頒價」としたほうがいいでしょうと神吉拓郎は言った。「不許複數」という表記をそれまで目にしたことがなかったが、むかしの学術書などにはよくある例なのだそうだ。

そんなことより印刷日と發行日が、大正十六年とあるのが藝のこまかいところと、ふたりして自画自賛したものだ。ご案内のとおり元号の大正は十五年の十二月二十五日までで、西洋暦のそれほど普及してなかった当時とあって、あらかじめ刷られた大正十六年表記の刊行物は少なくないのだ。「當用日記」など、ほとんどが大正十六年版のはずである。

さて、この国の現代史には、明治、大正、昭和、そして平成という改元にともなうものと平行して、戦前、戦後という時代区分があるのだが、戦後がすでに六十六年を経てしまっては、この区分けはあまり意味をなさないというのにうなずけないこともない。だが、私たち世代の者には、価値観が大転換した一九四五年八月十五日以前と以後は、はっきり区分けしなければおさまらないものがある。日本敗戦という歴史的事実は、我らが世代にあっては、初めて体験した風俗革命でもあったのだ。

その敗戦後六十六年このかた、戦前とくらべて極端にその価値の軽くなったものといったら、生活用具で時計と傘、そして食糧品にあっては、そう鶏卵とチューインガムではあるまいか。

名人古今亭志ん生の長男で、十代目金原亭馬生になって、いぶし銀の藝を発揮した美濃部清の生まれた一九二八年は、昭和恐慌まっさかりのところへ持ってきて、志ん生一家は貧窮のどん底であえいでいた。

志ん生の口ききで落語家になった八代目の三笑亭可樂は、その時分小唄久和派の家元だった幸久和と、黒門町のうさぎ屋の裏で世帯をはっていた。

「稽古に来たひとに、あたしがお茶を出すんです。ま、ヒモみてえな気がしねえでもなかったが、よく稼いでくれる女でしたよ。だから仲間うちじゃ羽振りがよくって

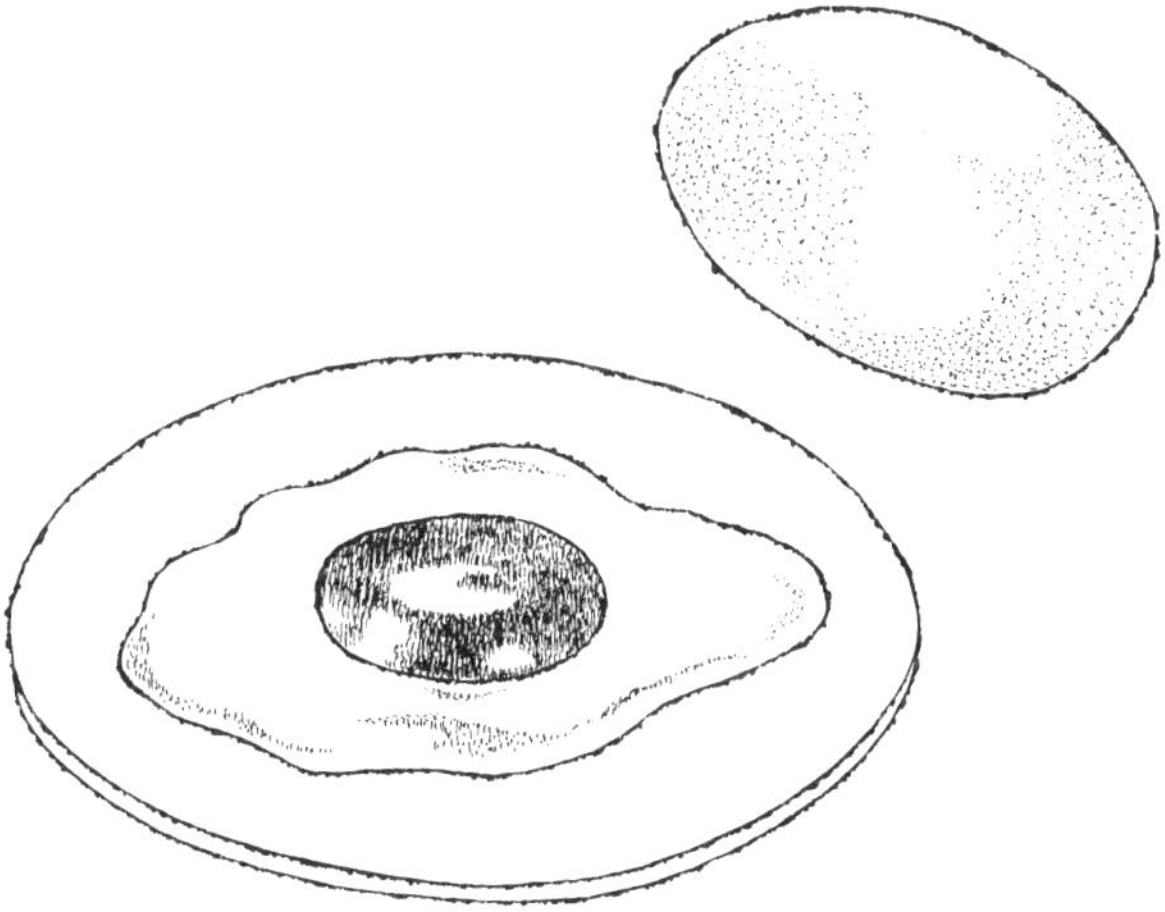

ね。志ん生のところで清が生まれたときなんざ、鶏の卵十《とお》ばかし届けてやったもんです。志ん生のかみさん、はち巻して横ンなってたけど、ええ喜んで……」

　晩年の可樂から直接きいたはなしだが、「鶏の卵十《しお》」というのが、貧乏長屋の出産祝いに過ぎたるものであったのは間違いない。桐でこそないが立派な箱に、籾がら敷きつめおさめられた、のし紙つきの贈答品である。

　スーパーマーケットなんてなかった戦前では、鶏卵は乾物屋で扱う商品だった。もちろん鶏肉屋にも置いてあった。いずれにしても一個、二個のバラ売りバラ買いがふつうで、箱入りの贈答品をもらった家では、食べたあとの籾がらをどう処理したのだろう。

鶏卵の鮮度だが、殻がざらついているのが新鮮で、古くなるとこの殻につやが出て、つるつるしてくる。昨今のようにプラスチックのケースに、賞味期限なんて記されてはいないから、乾物屋の親ぢは一個一個手にすると、裸電球にすかして鮮度をたしかめたものである。内部が半透明で明るいうちは新しく、不透明で暗いのは古くなっているから、早く食べたほうがいいなどと言われたものだ。

なにしろ貴重品扱いの鶏卵とあって、食したあとの殻までが再利用された。みがきぬかれた格子戸のわきに、よく手入れされた植木鉢のならべられた下町の仕舞屋《しもたや》で、その植木鉢の土に半分割された鶏卵の殻がいくつか伏せられているのを見かけたものだが、あれもお呪いじみてはいるけれど、いくらかでも土の養分にとの願いがこめられていたのだろう。

お祭りや縁日に出る露店の、カステラ風焼菓子屋なども、この鶏卵の殻をこれ見よがしに山積していたものだ。これだけたくさんの鶏卵を使っていますよの、言ってみればあれも一種の宣材だろう。露天商の多くは、お祭りや縁日の開催地を追いかけて、全国津津浦浦旅して歩くわけだから、ただでさえ壊れやすい鶏卵の殻を、無事運搬するのにもそれなりの苦労があったはずである。

つい二十年ほど前まで、上野の山で人を集めてはくすぐり沢山の口上で笑わせていた蛇つかいをよく見かけた。これも商売往来では香具師《やし》の部類にはいるお方だろうが、とり出した蛇に自らの腕を噛ませるなどしながら、結局は蝦蟇《がま》の油よろしき血止めの塗り薬を売るのだ。小沢昭一のインタビューを受けたときの記事の載った、茶色に古ぼけた新聞をこれも宣材よろしくセルロイドケースにおさめて、当の小沢昭一が人ごみにかくれてきいているとはつゆ知らず、

「きのうも小沢の昭ちゃんに会った。あの男も蛇が好きだ……」

などとやっていたものだ。

鶏卵を呑みこんでしまうという蛇だが、呑みこむのは有精卵に限っていて、無精卵には見むきもしないというのは、その蛇つかいの口上をきくより先に知っていた。だが肉眼で識別するのは至難の技だという有精卵と無精卵の仕分けに、蛇が貢献してるとまでは知らなかった。くだんの蛇つかい氏に言わせると、あらかじめ腹をすかせておいた蛇の前に、無作為に鶏卵を並べていくのだ。なかで蛇が喰いつきそうになった

ものをすばやく取りあげ、有精卵の箱におさめていくという。この有精卵を取りあげるとき、蛇に指の先をくいつかれることがままあって、そんなときの止血もこの薬を塗ればたちどころになおるというのだが。

薬の効き目はともかく、蛇つかいの口上にあった有精卵と無精卵の鑑別法の、ことの真偽をたしかめたわけでは無論ない。無論ないが、あやし気で、胡散くさくて、それでいながらどこかおかしく、そして哀しく、与太ばなしとしてもよくできていると思う。それにしても愛敬あふれたあの香具師の兄ィさん、いまどうしているのだろう。

戦前、あれほど高価な食糧品だった鶏卵が、戦後このかためっきりとその価値を下げ、お値段のほうもぐっと安くなったについては、養鶏業の構造変化に原因があるとされている。もともと食肉用に供するための養鶏が、鶏卵の需要激増にともなって、採卵養鶏に移行して多産系種が重用されるようになったのだ。そう言えば、養鶏場の人気種が名古屋コーチンより多産系の白色レグホンのほうが高くなったという記事を、どこかで読んだおぼえがある。

それにしても、鶏卵の価値も下ったものよと実感させられた小事件があったのは、何年前になりますか。世界の王貞治が、福岡ダイエー・ホークスの監督に就任したも

乾
乾
海苔

のの、チームは連戦連敗、業をにやしたファンが監督、選手の乗った移動用のバスに大量の鶏卵をぶつけたものである。

鶏卵をぶつけるといえば、こちらは記憶に新しい、村上春樹がエルサレム賞を受けたとき、イスラエルでのスピーチは感動的だった。きくところによると素晴しい英語だったそうだが、英語の駄目なこちらは新聞に紹介された日本語で読んで、「高く、固い壁とそれにぶつかると割れてしまう卵があれば、私はいつも卵の側に立つ」というくだりには、とりわけ胸しめつけられた。自分の立つ側を鶏卵にたとえて、それも、ぶつけるのではなく、「ぶつかると割れてしまう」という文学的表現にしびれました。

「偽書番附」の東の関脇に「日本帝國鶏卵史」を据えた手前もあって、一応この国の鶏卵の歴史など調べてみたのだが、平安時代の『延喜式』には、神前に米、酒、塩のほか、鶏二翼、鶏卵二十枚を供えた記録があるそうで、貴族社会の神事に、一部では鶏、鶏肉が用いられていたという。鶏二翼というのはともかく、鶏卵を一枚二枚と数えたとは知らなかった。

実際に日本人が鶏卵を食べることに抵抗感がなくなったのは、江戸時代になってからというから、意外に新しい。いったん食べ出すとその普及のほどははやかったようだが、そう簡単に庶民が口にできたとは思えない。そのあたりの事情は、貧乏長屋の花見に大家さんが用意した卵焼と称するものが、じつはたくわんだったという落語からもうかがうことができる。

落語のなかの卵焼と言えば、『王子の狐』も忘れられない一席だ。こちらは『長屋の花見』とちがって、正真正銘の卵焼、いや正確にはその卵焼を名物にしている料理屋が登場する。王子稲荷にお参りした帰り、草むらで狐が若い女に化けるところを見かけた男が、よせばいいのに逆に狐を化かしてやろうと、この狐を卵焼が売物の「扇屋」という近くの料理屋に連れこむのだ。

じつは最寄のJRの駅が王子という場所に住みついて、かれこれ三十年をこしてしまったのだが、住みついた時分、音無川のほとりに風情のある佇いを見せていた、創業は江戸のころという扇屋を訪れて、名物の卵焼を賞味した。こんがりと釜焼された、一個で六、七人分という、厚さ五、六センチの逸品に舌つづみを打ったのである。三十年のあいだにバブルがあって、はじけて、扇屋も鉄筋のビルに生まれ変り、名物卵焼は店頭販売だけで、もっぱらデパート地階の食品売場の扇屋ブランドが主流になっているようだ。いまや洋食屋のオムレツ人気にとってかわられた感のある卵焼だが、幕の内弁当にあっては欠かせぬ存在になっている。欠かせぬといえば、昼下りの蕎麦屋でのむ酒にも卵焼は欠かせないが、不思議と蕎麦屋の卵焼にははずれが少ない。卵焼、伊達巻のたぐいを代表とする和風鶏卵料理も、出汁かけ半熟卵、卵豆腐、卵じめ、茶碗蒸から卵のきんとんといろいろだが、シンプル・イズ・ベストの鉄則がここでもあてはまりそうなのが、そうです卵かけごはん。

映画評論家の品田雄吉さんから、こんなはなしをきいたことがある。

戦時中の学徒動員で、品田さんが農家に行かされたそうだ。昼食時間になって、みんなは庭先で持参の弁当をひろげたのだが、その農家のひとたちは、あたたかいごはんの上にてんでに卵をかけて食べるのだそうだ。それだけでも当時としては、農家ならではの贅沢なのだが、そのかける卵が家長だけ一膳の茶碗にふたつというのが、ひどくうらやましかったそうである。一膳の茶碗にふたつの卵なんて、一生食べる機会などないと、そう信じこんでいた私たち世代には、こういうはなしがとてもよくわかるが、飽食暖衣にならされたひとたちには面白くもなんともないらしい。それはそれで結構なことだと考えるしかない。食べることに不自由でない時代が、悪いわけはない。

一九八七年の十月だった。私たち東京やなぎ句会の一行が盛岡吟行に出かけた際、数千羽の鶏をはなし飼にしている牧場で昼食をご馳走になったのだが、みんながみんな大きな丼に山盛りされた牧場とりたての鶏卵で、卵かけごはんにいどんだのである。無論、ごはん少なめの茶碗に、ふたつたっぷりかけるのだ。久しぶりに価値ある卵を、価値ある食べ方で味わった気になった。

単純きわまる卵かけごはんだが、その食べ方にもいろいろの流儀があるのが面白い。たまたまこの盛岡で、各人各様の卵かけごはんの食べっぷりにふれたのだが、入船亭扇橋型と柳家小三治型のふたつに大別できるようだ。

扇橋型は、あらかじめ用意した別の容器に、鶏卵二個を落して、数滴の醤油を加えると、黄身と白身と醤油が渾然一体となるまで、相当の時間をかけてかきまわしてから、おもむろにごはん茶碗に流しこむのだ。これに対して小三治型だが、ごはんの上に落したふたつの卵に醤油を加えると、箸の先でほんの二、三度ほぐした程度で、すぐに口にはこぶのだ。

要するに、どこまでいっても同じ美味がいいとするか、黄身、白身、そして醤油、それぞれ単独の味と、この三つが微妙にまじりあった味をいっしょに味うか、ただこれ嗜好の問題にすぎないのでありますけれど、不肖私めは小三治型をもっぱらにしている。

食べ方の流儀はともあれ、鶏卵の美味の究極ここにありといった感すらある卵かけごはんを、この国以外の米を食する地域の人たちは一切口にしないというのが妙だ。食の天才たる国の中国にして、鶏に限らず家鴨や鴨の卵を生食する習慣はないようだ。朝食に卵料理の欠かせない欧米にあっても、すべて加熱したものが食卓に供される。

かの国の人たちには、刺身を平気で口にする日本人とちがって、生命を宿したものは生で食べてはならぬという考えが根づいているのかもしれない。嗜好の問題というより、思想の問題とするべきだろうか。

汁粉

ほんの数回ではあったが、五代目の柳家小さんと酒くみかわしたことがある。かれこれ五十年近くもむかしのはなしだ。

こちらも酒量においては最盛期だったはずだが、二十歳上の師匠にはどうしても太刀打ちできなかった。斗酒なお辞せずの豪快なのみっぷりに、舌をまかされたのだが、その小さんが酒を覚えたのは戦後で、三十歳を過ぎてからだときいて、意外な思いがしたものである。それまではいったいなにをのんでいたんですか、というこちらのばかな問いかけに、ぽつんとひと言、

「おしろこ」

とつぶやいて、にやりと笑った。

おしろこ……子ども時分には、私たちも汁粉のことをそう言った。

毎度毎度おなじ言葉づかいで気がひけるのだが、未曾有の食糧飢饉の時代に育ち盛りを過ごした世代だ。砂糖が姿を消してしまった現実を前に、甘い物に対する欲求と

いうよりむしろ憧憬の念には、想像を絶するものがあって、「おしろこ」との絶えて久しき対面かなったときの感動は、それこそ筆舌につくし難いと、そう思った。もちろん年端のいかない子どもの分際で、そんな言葉を知る由もなかったが、まがりなりにも物など書いて糊口をしのぐようになって、何度となくこの慣用語を使いながら、子どものときのおしろこ体験にまさるふさわしい用法はないのではと考える。

そのおしろこだが、「汁粉」というのは江戸式で、上方はもっぱら「ぜんざい」だと『物類称呼』にも『守貞謾稿』にもあるが、私がそのことを知ったのは映画の『夫婦善哉』によってだから、一九五五年になる。ずいぶんと遅いようだか、もうその時分はいっぱしの左党を気取って、甘いものにはあまり関心がなかったからだろう。

森繁久彌と淡島千景の呼吸《いき》のあった芝居で評判になった豊田四郎監督の名作『夫婦善哉』の原作は、戦後一躍流行作家の脚光をあびながら、あっという間に逝ってしまった織田作之助の出世作で、同人雑誌「海風」に載せたものが、一九四〇年改造社の「文藝」第一回推薦作品に選ばれた。日本人のみんながみんな勤勉にはたらき、お国のために滅私奉公してた時代に、こういう放蕩三昧の男を描いた小説を発表しているあたりが、この作家の真骨頂だ。それにしても『夫婦善哉』という小説のタイトルは

うまいと思う。食べものの「ぜんざい」の字に、よきかなと読める仏典の感動語をあてた先人のセンスもさることながら、その冠に夫婦とつけて見事なる作品世界を形成している。

舞台となった法善寺横町は、千日前法善寺北側の細い路地だが、ほんらい大阪には東京でいう「よこちょう」を「よこちょ」とつめる呼び方はなくて、もっぱら「よこまち」だったらしい。もっと古くは法善寺裏だったたと、四天王寺の境内に住んで寺侍を気取ってい た船場っ子の牧村史陽が書いている。文字どおりほんとの横丁で、戦前には紅梅亭と花月の一流席が軒をならべてたなんて、ちょっと想像つき難い。すでに甘いものには縁なき衆生となり果てた身としては、正弁丹吾亭などをお目当てにこの小路を目指すとき、夫婦善哉の前を通るのだが、ここはあえて東京風に小体というのがぴったりの構えだ。

正式には「みよとぜんざい」らしい夫婦善哉は、一八八三（明治十六）年浄瑠璃の竹本繁大夫が法善寺境内の藤棚に出した茶店がはじまりと言われる。一人前に二椀のぜんざいを供すので知られた。戦前のいっときは、初代中村鴈治郎一門の中堅役者だった中村成十郎が足を洗って、この店の主人におさまっていたので成駒屋一門のたまり場にもなっていた。子役や出世前の役者からは勘定を取らなかったかわりに、この世界の裏も表も知りつくしていた成十郎は、一門の小言幸兵衛役を買って出ていた。まだ長丸を名乗っていて、銀幕デビューする前の林長二郎すなわち長谷川一夫も、この成十郎からお説教をくらったくちである。織田作之助のおかげで店の名が天下に知られていらい、題名どおり「夫婦善哉」と染めぬいた暖簾を入口にかかげている。

柳家小三治がまださん治で二つ目だったころ、初めて大阪の寄席に招ばれて十日間つとめることになった。上方落語のドンで酒豪の六代目笑福亭松鶴の楽屋に挨拶に出かけた。上機嫌の松鶴は遠来の若手に酒をふるまって、いきがかりのぐあいでは次な

るよからぬ所にも案内するつもりで、

「今晩、どこぞ連れてったるが、行きたいとこあるか?」

よろこんだ小三治が言った。

「一度、大阪へ来たら〝夫婦善哉〟というところへ……」

とたんに松鶴の顔色がかわって、まるできたないものを追い払うような手つきで、

「あっち行きィ、あっち」

ときたそうだ。

汁粉と善哉のちがいは呼称の東西だけでなく、小豆の皮を除き、焼いた切餅を入れるのが汁粉で、皮をむかずにつぶし餡にしたものに煮た餅を入れるのを善哉と呼ぶと、これも『守貞謾稿』に出ている。東京でも小豆をつぶし餡にしたのは善哉と呼んでいて、さらにつぶし餡とそのままの小豆をまぜるのは田舎汁粉だなど、甘党の能書もこれでなかなか複雑である。

『暮らしのことば　語源辞典』(講談社)によると、「シルコは、餡汁に入れる実の餅という意のシルコモチのモチが省略されたものであろう」ということで、仏教語としての「ゼンザイの語は室町期にすでに見られ、点心として食されていた」とある。つ

ぶし餡に手を加えたさらし餡を用いるのを御前汁粉というのだが、なぜそう呼ぶのか『暮らしのことば　語源辞典』にも出ていない解答にもなりそうな落語があって、『士族の商法』。あの三遊亭圓朝の作で、「ただ実地に見ましたことを飾りなく、そのままお取次をいたすだけ」という体験譚とも言われている。徳川瓦解で、それまでの士族がなれない商売に手を出して困惑した様子は、あの時代いろいろに伝えられており、流行語にもなった落語の『士族の商法』は、八代目桂文樂の名演で知られる『素人鰻』と双璧を成している。

小川町辺のさるお屋敷。御門のくぐり戸に貼札があって、筆太に「この内に汁粉有」としたためてある。はなしのたねにと町人がなかにはいると、十二畳ばかりの書院を通り、次が八畳で、正面の床には探幽の横物がかかり、古銅の花瓶に花がさしてあり、煎茶の器から、煙草盆や火鉢まで、立派なものばかり。

「貴様は何の汁粉を食べるんだ」

ときかれて、町人が「へいへい、それではどうぞその塩餡というのを頂戴したいものので」などと答えれば、

「さようか、しばらく控えていさっしゃい」

夫婦善哉
ぜんざい

奥では殿様が襷《たすき》がけで汗を流しながら餡ごしらえなどしていらっしゃり、奥方様は鼻の先を真白にしながら白玉をまるめていらっしゃるといったあんばい。

「ええ、御前、御前」

「なんじゃ」

「ただいま町人がまいりまして、塩餡をくれえと申しますが、いかがつかまつりましょう」

「くれろというならやるがよい」

しばらくするとお姫様が、蒔絵のお吸物膳にお吸物椀をのせ、小笠原流の目八分に持ってしずしずと出てくる。こんな調子だから、あわてて一杯かっこみ、窮屈でたまらぬと泡を食ってとび出したのだが、莨入れを忘れてきてしまった。あとからお姫様が追いかけてきて、

「これ町人、これはお前の莨入れだろう」

「へい、これはどうもありがとう存じます」

「まことに粗忽だの、以後気をつきゃ」

「へい。恐れいりました」

どっちがお客だかわけがわかりませぬ。これからはじまったのでげしょう、御前汁粉というのは。

明治生まれの古老からさんざきかされたはなしだが、彼らの若かった時代からこんにちにいたるまで延延とつづいている商売、それも飲食店で蕎麦屋と甘味処と称する汁粉屋くらい、その使い勝手の変ったものもちょっと見当らないそうだ。蕎麦屋が食事というより小腹を充たしたり、昼酒で無聊の時間を過ごすのに恰好の場であることにいささかの変りはないけれど、むかしは逢引の場としてしごく重宝だったときく面影はすでにない。

蕎麦屋のはなしはもういい。汁粉屋である。珈琲をのませる喫茶店がこの国に出現したのは、一八八八（明治二十一）年上野黒門町に中国人鄭永慶のひらいた可否茶館《カピー》や、一八九〇年浅草六区パノラマ館内のダイヤモンド珈琲店がはじまりと『事物起源辞典』（東京堂出版）に出ているが、そんな喫茶店がまだまだ珍しかった大正のころまでは、汁粉屋がそれにかわる存在だった。

「わたしは甘党なのでよく汁粉屋の敷居をまたいだ」

という仲田定之助が、これは名著と言っていい『明治商賣往來』（青蛙房）であげて

いる「そのころ名代の店」を列記すると、

日本橋食傷新道の梅園
室町二丁目、にんべん鰹節店前に梅村
浅草仲見世の梅園
浅草公園の松邑
向島の言問
上野広小路と根岸の岡野
銀座一丁目の寄席金沢亭の隣りにあった亀村
尾張町新地の路地にある若松

とあって、異色の店として銀座八丁目の「十二ケ月という汁粉屋」を紹介している。
この店、

その屋号にちなんで、正月から師走までの十二通りの甘い汁粉を、順にそっくり次々に残さず喰べ尽くしたお客には反物を景品として進上し、代金もいただかないとあって、かなり繁昌していた。

ということである。

一九四七年に麻布中学に入り、併設された高校を五三年になんとか卒業させてもらうまでの六年間、放課後肩鞄をかけたまんまの格好で、新宿、渋谷、新橋、銀座、ときには浅草と盛り場をうろつきまわり、映画館をのぞいたり、日劇にもぐりこんだり、その時分は紳士貴顕の出入するところではなかった寄席の客になったりした。ひとりのときもあったが、多くは悪友とつるんでの行動で、珈琲の味を覚えた時期でもあり、喫茶店で青くさい文学論、映画論にときを過ごしたものである。

悪友のなかには珈琲より汁粉派もいて、そんな連中とのつきあいで、新橋の花家という級友の母堂のやっていた汁粉屋に出かけたことが何度かある。この店、全体が歌舞伎仕立てなのが話題を呼んで、その趣向を喜ぶ客でいつも盛況だった。

それから何年かがあいたち候で、この花家なる歌舞伎仕立ての汁粉屋に出入りしたことなど、すっかり失念していたのだ。評判になった『古川ロッパ昭和日記』（晶文社）の「補巻・晩年篇」を読んでいたときだから、一九八九年だと思う。日記の、一九五三年「十一月九日（月曜）晴」の項に、こうあるではないか。

四時には未だ大分あるので、烏森の、しるこ屋花家へ行ってみる。全店歌舞伎の感じに飾り、役者の名入り提灯、そして、女将がサーヴし乍ら、いろ〳〵なセリフを言ふのである。我は、栗ぜんざいを注文、お女将曰く「これは壺坂霊験記」と砂糖ふりかけつゝ、「おさとがあとから追っかける」と、他の品々一々に妙なセリフ廻しで、いろ〳〵と愚かなセリフを言ふ。「これは番丁皿やしき」と灰皿を持って来て「ハイサラ」と言ひ、「お若えのおマッチなせえ」とマッチを出すといふ式で、鼻持ちならぬものだが、これが名物となり、客は満員なり。噂にはきいてゐたが、全く狂気の沙汰、「もう来ねえぞ」と言ひつゝ、出る。

甘辛両党稀代の食通としても知られた古川ロッパの、ありとあらゆる機会を利して美食を追求してきたさまが、全四巻からなる『古川ロッパ昭和日記』には記されている。それはそのままこの国の食糧事情の変遷史をなしている。神戸港に停泊している外国客船の食堂でのディナーにわざわざ出かけるような贅沢が「戦前篇」に記されてるかと思うと、大食漢の身にあてがいぶちの一人前では足りないと、食べずにただ見てるだけの弟子を連れて、帝国ホテルで二人前の食事にありつく「戦中篇」など、まさに『悲食記』そのものだ。

こんなロッパが「狂気の沙汰」だと「もう来ねえぞ」と啖呵を切ったのだから、花家を訪れた一九五三年十一月の東京には、もうほんものの砂糖を使った甘いものもふんだんに出まわって、金さえ出せば美味いものをのぞみどおりに食べられる時代になっていたことがわかる。それにしても生意気ざかりの高校生にはしごく結構なものにうつった花家の趣向が、人一倍洒落たことが好きで、歌舞伎にも一家言あったディレッタントのロッパ大人には、やることなすこと野暮きわまりなく感じられたというのもうなずける。

ところで連夜アルコールが胃の腑を訪れて、甘いものは天敵みたいになっていらい、汁粉屋の暖簾をさけて歩いてきた私の最後の汁粉体験だが、いま調べたら一九八四年の十二月二十九日だから、もう四半世紀が過ぎてしまったことになる。

私たちの東京やなぎ句会の第一八六回の定例句会が江の島吟行で、岩本楼に泊った。

あくる日みんなで鎌倉に出て、鶴岡八幡宮近くの汁粉屋でひと休みすることになった。私たちの句会は宗匠入船亭扇橋以下、永六輔、小沢昭一、柳家小三治などなどいずれ劣らぬ甘党ぞろいで、酒のみの江國滋や私は少数派なのである。多勢に無勢でやむを得ず汁粉屋の客になったについては、ビールは無理としても、お雑煮かところ天ならあるだろうという思惑があったからである。その思惑が無惨にもくだかれて、久方振りの汁粉を前にしたのだが、口にしてみればそれなりに子どものころのことなど思い出され、「たまには汁粉も悪くないな」と思いながら、一杯きれいにたいらげた。

問題はそのあとである。なれないものが身体を襲ったせいであろうか、一日中腹がもたれて、夜が訪れていつもの酒となっても、これがいっこうに旨くないのだ。こんな体調が数日つづいたのだから、汁粉は私の身体には毒だとさとった。

じつを申すとこの稿を書くため汁粉に挑戦しようかと、かなり逡巡したのだが、もう無駄な冒険をする年齢ではないと考え、やめにしました。

どぜう

戦時下、銃後の少国民と呼ばれていた時代——なに、ひらたく言えば「子どものころ」なのだが、とうとう区役所から「後期高齢者医療被保険者証」なるものが送付されてきた現実を前に、こしかたなどふりかえると素直に子どものころと言い切るのが、なんとなくはばかられるような世代なのを、つくづく思い知らされる。

その銃後の少国民時代、ラジオできいた三代目三遊亭金馬の『居酒屋』には、ほんとうに腹をかかえて笑った。腹をかかえて笑っていると、突如金馬の声が消えて、チャイムかなにかが鳴ると、「東部軍管区情報」が敵機の来襲を告げるのだ。空襲が日常茶飯事という危機的状況下にあってなお、大人も子どももラジオの笑いに息抜きを求めていたのだと、いまにして思う。

私たち世代は、ほとんどがラジオによって落語を知った。そのラジオの落語では、八代目桂文樂、古今亭志ん生、八代目桂文治といった一時代を代表した大看板にふれているはずなのに、まったく記憶がない。記憶にあるのは三代目の三遊亭金馬、初代林家三平の親父の七代目林家正蔵、初代柳家権太樓、六代目春風亭柳橋あたりで、四代目柳家小さんが頭にあるのはアナウンサーが「柳家小さんさん」と「さん」をつづけて言うのが面白かったからである。そう言えば金馬、正蔵、権太樓、柳橋、みんな子どもにもわかりやすい落語家だった。その三遊亭金馬の『居酒屋』である。

居酒屋の客と小生意気な小僧のやりとりで展開されるはなしで、小僧の、

「えー出来ますものは、汁《つゆ》、柱、鱈《たら》、昆布《こぶ》、鮟鱇《あんこう》のようなもの、鰤《ぶり》にお芋に酢章魚《すだこ》でございい、へえーい」

という口上をきいて「ようなもの」というのを一人前くれと言ってみたり、鮟鱇の隣で鉢巻して算盤持っている番頭を番公鍋にしろというのもおかしかったが、舌代にある「どぜう汁」を「とせうけ」と読んでからかうくだりは一品だった。小僧が、「と」に濁りを打って「ど」、「せ」に濁りを打つと「ぜ」といったあんばいに、「いろはは点を打つとみんな音がちがいます」などと能書をいうものだから、客は「おまえ、なかなか学者だな」などとおだてておいて、「い」「ろ」「ま」などに点を打つと何というとやったあげく、

「ははは、ばなの頭に汗かいてやがる」

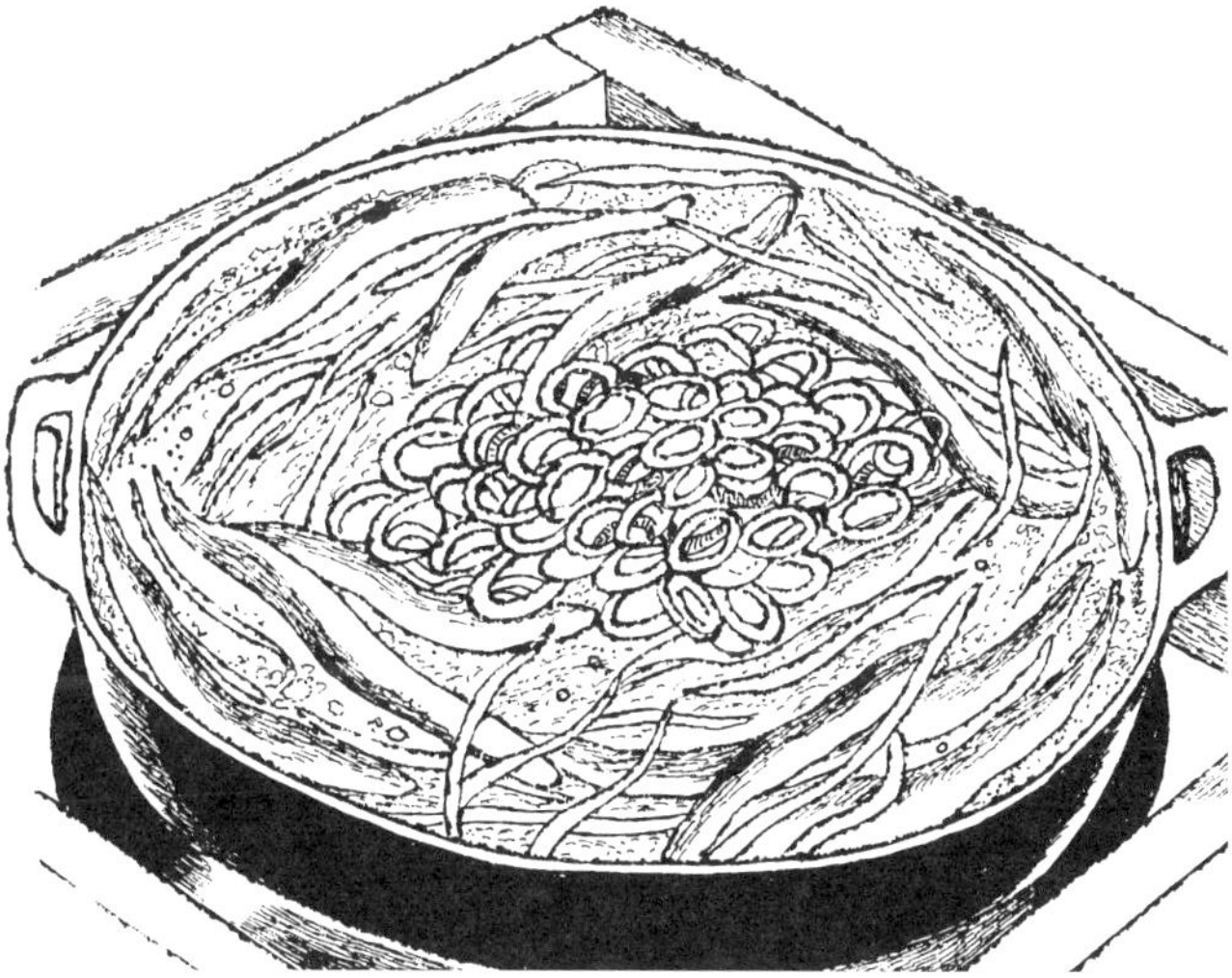

「なんです？　ばなというのは」

「手前の顔のまんなかにあらあ」

「これは鼻でございます」

「濁りが打ってあらあ」

「これは黒子《ほくろ》です」

とやるくだり、思い出すだになつかしい。

東京に何軒かあるどじょう屋の看板や暖簾には、すべて筆太に「どぜう」と大書してある。いっぱしの大人になって、どじょう屋の暖簾などくぐるとき、べつに違和感を覚えることもなかったのは、三遊亭金馬の『居酒屋』をきいていたからだろう。

「国語辞典」で、コイ目ドジョウ科

に属する淡水魚の「泥鰌」をひくと、平仮名表記は「どじょう」だ。知った風な口をたたきたがるのが、「どぜうは歴史的仮名遣いで、蝶蝶をてふてふと書くようなもの」とのたまうが、「どじょう」を歴史的仮名遣いで書けば、「どぢやう」であって「どぜう」ではない。『和漢三才図会』では「泥鰌」を〈俗に止之也字という。泥鰍《でいしゅう》の字の音の訛《なまり》である〉としている。

どじょう屋が、売り物の商品名に言語学的に根拠のない表記を用いてきたについては、食べもの屋が四文字の看板では縁起がよくないから三文字にした、というのが通説になっている。なるほど三文字表記となると「どぜう」を以ってするほかにないが、これの定着したのは明治のころというから意外に新しい。もっとも一八〇四〈文化元〉年の喜多川喜久麿による、どじょう汁屋の光景を描いた絵には、金馬の『居酒屋』よろしく「どぜう汁　十六銅」とある行燈型の立看板が見える。どうやら定着したのが明治というのも、汁を加えて四文字では、縁起をかついだというのも、いささかあやしくなってくる。

泥鰌〈とここから漢字表記に統一するが〉も鰻と同様に俳句のほうでは夏の季題だ。と申して泥鰌のばあい「泥鰌汁」「泥鰌鍋」のような食べものが夏で、「泥鰌掘る」となると冬の季題だ。鰻が、『万葉集』に、夏やせには「武奈伎とりめせ」とあるように夏ばて防止の妙薬とされている伝で言うなら、泥鰌の効用は『食品国歌』に、

泥鰌よく中調へて痔を治め
消渇《しょうかち》、酔を解するものなり

とある。

「ショクヒンヤマトウタ」と読む『食品国歌』は、一七八七（天明七）年刊の、長生院法印大津賀仲安が、医家の立場から詠んだ四四六首からなる上下二巻の国歌集で、採りあげた食品目は六百余に及ぶという。名著『飲食事典』の本山荻舟によると、「いまから判ずると往々首肯し難い節もある」そうだが、それはともかく「痔」や「酔」とならんだ「消渇」なんて症状名、いまどきの若い者にはとんとなじみがないはずだ。落語家五代目三升家小勝の「どうか私の名前をショウカチと読まないでください」というくすぐりも通用しないときいたから、念のため手もとの「国語辞典」から引いておく。

〔消渇〕①のどがかわいて小便が出ないという病気。②淋菌による、婦人の急性尿道炎症。

泥鰌の食べ方もこれでいろいろあって、柳川鍋、蒲焼、くりからと称する姿焼、唐揚げというのは空揚げと書くのが本当といま知ったその空揚げ、それに『居酒屋』でいうとせうけ即ち泥鰌汁などがごく一般的なところだが、東京っ子といたしましては泥鰌鍋をまずまっ先にあげねばなるまい。蕎麦、寿司、鰻、そして泥鰌と、このあたりが江戸いらいこの都会の暮しのなかで親しまれてきた食べものを代表する存在なのだが、なかで泥鰌と言ったら即ち鍋とするのが東京人の感性のように思うがどんなものだろう。

浅い鉄鍋に、泥鰌を菊花状にならべ、薄口のたれをひたひたになるくらいに注いだ上に、山盛りの刻みねぎをのせ、強火の炭で煮るのが泥鰌鍋だが、これに笹がき牛蒡《ごぼう》を加えるむきもある。泥鰌特有の臭味を除くためだが、あの臭味がなくてなんの泥鰌かというのもいて、好みは人それぞれだ。薬味には鰻同様山椒を用いる。頭からその

どぜう

ままの姿で煮る、通称「丸」を食べるのがほんとの泥鰌好きだというのだが、「気色が悪い」などとおっしゃる御婦人もいて、臓腑とともに頭や骨を抜いた「ヌキ」の二種類がある。

泥鰌鍋の丸は、骨抜きのヌキがあらわれてからの呼称というから、あくまで丸が本筋ということになる。ヌキは、文政の初めごろ、江戸南伝馬町三丁目の、裡店《うらだな》に住んでいた万屋某が、泥鰌を裂き骨首及び臓腑を取り除き、鍋煮にして売ったのがはじまりと、『守貞謾稿』に書いてある。創業一八〇一（享和元）年といわれる老舗の泥鰌屋では、戦前は丸と泥鰌汁しか出していなかった。ところが戦時下の品不足から、泥鰌の大きさをそろえることができなくなり、やむなく丸一筋の看板をヌキ併用にかえたようにきいてぃる。

くやしいけれど東京とちがって、瀬戸内をひかえているため白身の高級魚を口にする機会のぐっと多い大阪人は、鍋と言えばふぐだと思っているから、わが泥鰌鍋のことを、「あないに粗雑なもん」とにべもない。なるほど食いだおれを自称する大阪には、柳川鍋を供する店は見かけるが、本式の泥鰌鍋の店があるとはきいたことがない。鉄鍋でなく土鍋に牛蒡を敷き、泥鰌をならべて卵とじにする柳川鍋は、その名のとおり筑後の水郷柳川が発祥の地だと思っていた。あの地では名物の鰻の蒲焼にも金糸卵をのせて出す。ところがその柳川説だが、これも『守貞謾稿』を受け売りすれば、ヌキの元祖万屋某は、その後天保の初めごろ横山同朋町にこれも裡店の四畳間を客席にした店を開き、屋号に柳川を名乗った。その柳川が繁昌して、同じ屋号の店を各地に開き「京坂にも伝へ売ることになりたり」とある。

泥鰌屋の屋号の柳川が、そのまま柳川鍋の名を生んだということだが、筑後柳川発祥説が根強くあるのは、泥鰌屋の万屋某の出身地が柳川だとか、用いる土鍋が柳川の窯で産した柳川焼が多かったからだという。江戸にあっては柳川鍋の土鍋には、もっぱら今戸焼が使われた。

もっとも一八三五（天保六）年の『浪華雑誌街の噂』には、泥鰌といえば「寛政の末、文化の初め頃までは、汁に極まつたものでございましたが、今では玉子とじの油炒めのと、いろ〳〵の製しやうが出来た」とあって、こと柳川鍋に関しては大阪先行説もあなどれないという。

柳川鍋というのを口にしないわけではないけれど、泥鰌好きをもって任じている身としては、やはり刻みねぎ山盛りにした泥鰌鍋、それも丸のほうでいきたいものだ。

そんな本格的な泥鰌鍋を供する店で、私がこれまで足を踏み入れたのは浅草に二軒、駒形、深川、両国、それに町屋とこんなところだ。ほかにもあるかも知れないが、広い東京にごまんとある食べもの屋を思えば、泥鰌屋の数はけっして多くはない。そのけっして多くはない泥鰌屋が隅田川沿いに集中してるのは、この魚が淡水魚であるからだ。無論当節では鰻同様ほとんどが養殖に頼っていて、泥鰌屋で天然ものにお目にかかるのは鰻以上にむずかしい。

稲荷町の長屋を終《つい》の栖とした隠居名彦六の八代目林家正蔵の弟子に、紙切りの二代目林家正樂がいた。この正樂、生まれ育ちが埼玉県の春日部。春日部といえば、いまでこそ東京の一大ベッドタウンだが、正樂が正蔵に入門したころはのどかな田園風景のくりひろげられる農村地帯だった。一面が田圃とあって、泥鰌なんかくさるほど獲れる。師匠にぜひ天然の泥鰌を食べてもらおうと、大量に稲荷町の長屋に持ちこんだ。ところが正蔵は、大きな水槽を購入すると、金魚よろしく泳がすばかりで、いっこうに食べようとしない。訪れたひとがいわくを訊ねると、

「正樂のやつ、この泥鰌は丈夫なんですよ、農薬やっても死なねえんですからって言いやがる。そんな泥鰌、誰が……」

何軒もない泥鰌屋の泥鰌鍋だが、それぞれの店がそれぞれの趣向をこらしているかというと、これがそうでもない。鉄鍋も、薬味の刻みねぎのはいった木箱の仕様も、それにつめ込みの座敷のテーブルの配列のぐあいも、見た日においてほとんどちがいがない。それでいながら、あたしはやはり駒形じゃないとか、いや深川がいいとか、なにを言ってるんだ泥鰌は両国に限るなど、泥鰌好きの言い分もなかなかやかましい。その能書のほどをよくきくと、同じようでもひたひたに注ぐたれの味加減が微妙にちがうし、それと店の者の客あしらいに、それぞれの家風のようなものが感じられるというのだ。

泥鰌に限らず鍋料理というやつ、大勢がかこんでわいわいがやがややりながら箸つつくからこそ美味いので、ひとりぽつねんと鍋にむかいあっての手酌酒というのは、どう見ても陰気きわまる光景である。そうは言っても、ひとりで突如泥鰌鍋が食べたい衝動にかられるなんてことが、人生にはまったくないわけではない。そんなときは迷わず吾妻橋を渡るのだ。渡って向島側に出たところにある泥鰌屋にはカウンター席があるから、存分にひとり陰気な男を演ずることができる。

『酒と博奕と喝采の日日』という本に、渋いバイプレーヤーだった三井弘次を書いた縁で、その三井と松竹大船撮影所で同じ釜のめしを食った須賀不二男と親しくなった。永遠の文学青年といった風情のあった須賀不二男と、何度か語りあう機会を持つことができたのだが、場所はきまって深川高橋《たかばし》の泥鰌屋だった。この店、須賀が「親父」とよんでいた小津安二郎の贔屓だったそうで、言われてみれば深川は小津の生まれ故郷だ。

撮影があがって夕方、大船駅プラットホームのグリーン車乗車口あたりに自然小津組の面面がたむろする。車内で小津をかこんでのよもやまばなしが、さて今宵これからの行き先に及ぶのが毎度のことで、贔屓の国鉄スワローズの試合があれば後楽園球場でのナイター観戦、ときには銀座にくりこんだりするのだが、じつにしばしば新橋駅からタクシーに分乗して、深川の泥鰌屋に直行したものだという。

たまたまそんな泥鰌屋の入れこみ座敷の片隅で、小ざっぱりした浴衣に角帯結んだ背中のほうに団扇を差した老人が、お銚子一本つけた泥鰌鍋でごはんを食べると、素足に雪駄ひっかけて出て行った。ひとりで鍋をつついて陰気にならず、なんともいなせな、若かりし日にはいろいろあったのをうかがわせるその姿かたちに、一同感嘆したという。

老人が立ち去ったあと、おもむろに口をひらいた小津安二郎が言うのだそうだ。連れあいに先立たれて、息子夫婦の世話になってる年寄りが、嫁に「おじいちゃん、はいッ」って毎日千円わたされるんだ。きょうは泥鰌で一本のんで、その釣銭でこれからパチンコ屋にむかうんだよ。

たくみな小津安二郎の話術は、そっくりそのまま小津映画の世界を彷彿させてくれたという。須賀不二男によって仲介されたこのはなしをきいて、小津安二郎作品に脈うっている独特の生活感は、ふだんの観察のたまものにちがいなく、泥鰌鍋ひとつ食べるのもないがしろにはしない、すぐれた藝術家の神経に痛み入った次第だ。

「千円で観られるし、バスはタダだし、せっせと映画館通いしてますが、日本映画の客の少ないのがさびしいです」とだけ書いた葉書をいただいてしばらくたった一九九八年の二月時分、須賀不二男から突然という感じの電話があった。

江國滋の遺作『おい癌め酌みかはさうぜ秋の酒　江國滋闘病日記』の読後感を、「読みながら、年甲斐もなく家内の前で号泣してしまいました」と伝えてくれた。江國滋とはまったく面識のなかった須賀不二男だが、その闘病のさまが「小津のオヤジの最期」とあまりに似ているので、たまらなくなって、「おさえがきかなくなっちゃった」のだそうだ。共通の知人の噂ばなしなどして、「そのうち久し振りに深川の泥鰌屋で一杯やりましょう」と切ったこの電話が、須賀不二男との別れになった。

その年の七月、須賀不二男の訃報に接した。葬儀に出た帰り深川にまわって、泥鰌で精進落しするつもりでいたのに、急用が出来《しゅったい》して果たせなかった。

豆腐

二〇一〇年の暑さにはさすが参った。

その前の年の夏は、とうとう二度しかクーフーを使わなかった。Tシャツ一枚で机にむかうのだが、汗ばむとシャワーを浴びて着がえることを何度かくりかえせば、クーラーを入れなくてもすむことに気がついて、だいいちそのほうが身体にいいと、やむを得ないとき以外はクーラーは使わないときめて、ひと夏をのりきった。仕事柄外出する機会が多く、その外出先のほとんどが劇場とあって、冷房麻痺のすすんでいる身にとって、家にいるときぐらい自然の手だてで暑さに対処しようと思ったのだ。微力というより超超微微力にすぎなくても、地球温暖化対策のお役にもたてる。

そんなわけで、二〇一〇年も前年と同じように暑さをしのごうときめていた。梅雨があけるまでは。それが梅雨あけとたんの猛暑襲来である。

間の悪いことに、生来のなまけ癖から遅れに遅れて待ったなしになってしまった仕事にけりをつけるべく、七月末から八月はじめにかけての観劇日程をあらかじめ調整してあったため、気象台開設いらいという連日の炎暑と、仕事のための在宅日がもろに重なってしまった。世間さまよりいささか遅目のわが家の朝食時間である午前九時をまわったころには、温度が三十度をこえているしまつで、こうなるとクーラーなしでは仕事どころか食事もままならない。暑いときには、ものを食べるにも格別のエネルギーを必要とするのを、あらためて教えられた。

二度しかクーラーのお世話にならなかった前年の夏がしのばれて、前年のメモなど引っぱり出してみたのだが、劇場通いに費している時間が圧倒的に多い。クーラーに頼ることなく暑さをしのぐには、家で仕事をしないことしか方法《て》のないことに気づかされ、なんとも釈然としない思いにかられている。

一日机にむかってすごしても、外出しても、私のばあい食事は二度がほぼきまりのようなものだ。ということは昼めし抜きが原則である。家にいるとだいたい五時をまわったころから晩めしで、もちろん晩酌をかねることになる。この季節だと、まだまだ日の暮れには間があって、お天道様の沈まないうちに天下御免の酒にありつけるのは、猛暑、炎暑はひとまず置いて、有難いはなしだ。

とりあえずのビールから始まる夏のわが晩酌に、欠かせないのが冷奴。もちろん絹

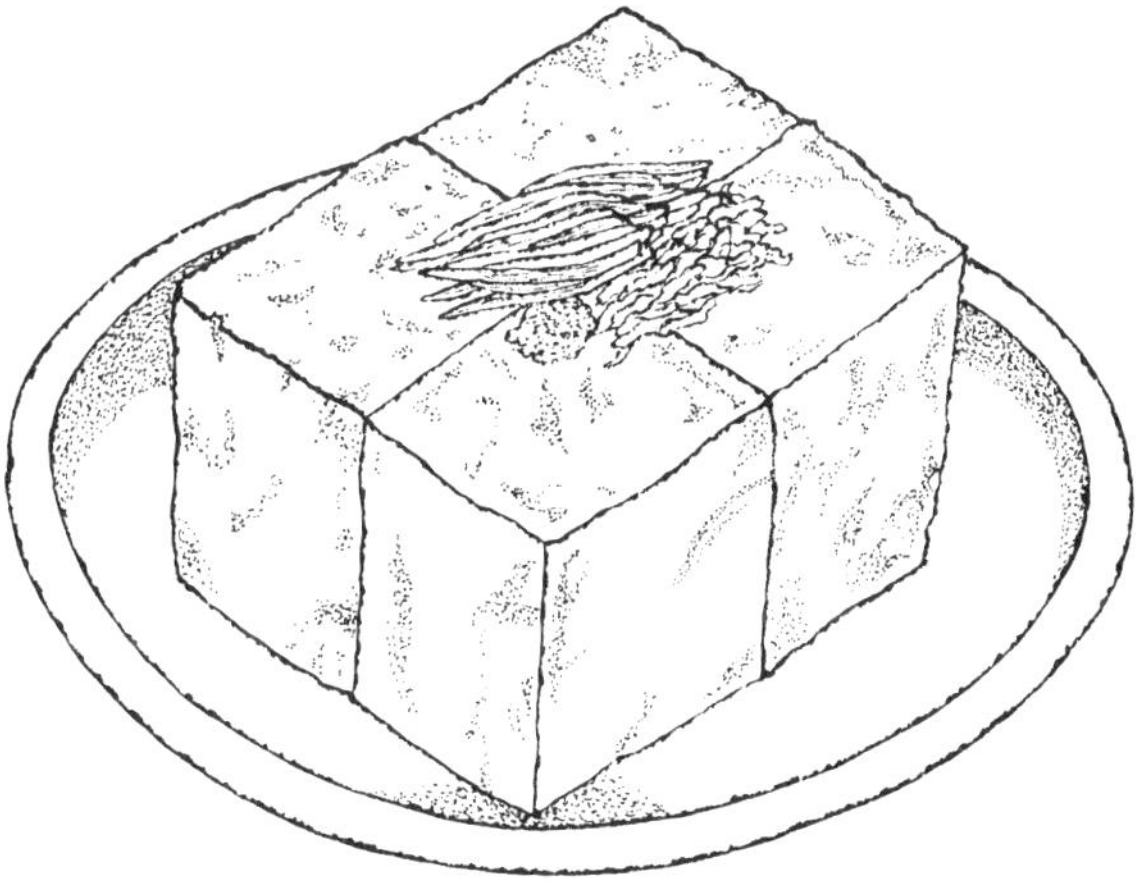

でなく木綿だ。豆腐はきらいというご仁に、まだめぐりあったことがないが、夏は冷奴、冬は湯豆腐という世間のしきたりにしたがってきて、こう連日冷奴のつづいた夏もめずらしい。大正時代の流行り唄に、「きょうもコロッケ、明日もコロッケ……」というのがあったやにきいているが、この夏ばかりは「きょうも冷奴、明日も冷奴……」の始末で、それでいながらちっとも飽きがこない。そんなわけで、今回の味散策は豆腐礼讃の巻となりそうだ。

先先の時計になれや小《こ》商人《あきんど》

という川柳をまくらにふる落語があるが、いつの間にか町なかから売り声が姿を消して、エンドレステープを使用したスピーカーからの機械音をたれ流す軽トラにとって代り、それも時をかまわず二六時中とあっては、「先先の時計」もなにもない。それに加えて、可憐なご婦人のささやきが、「ご不要になったパソコン」や「音の出なくなったステレオ」などの廃品回収を訴えちゃいるが、一声かけて呼びとめると、タオルの鉢巻にTシャツ姿の屈強なおじさんが運転席から出てくるしかけとあっては、「小商人」の風情なんて薬にしたくもない。

『人倫訓蒙図彙』（東洋文庫）の「豆腐師」の項を見ると、

職人の内、朝起《あさおき》の随一也。油挙《あぶらあげ》うる家もあり。

とあるが、朝の早い商売といえば豆腐屋ということになっている。豆腐屋の出てくる落語『鹿政談』のまくらで、

豆腐屋の亭主その手で豆を挽き

と言って、にやりと笑ってみせた三遊亭圓生を思い出す。

その朝の早い商売の豆腐屋だが、先先の時計になるべき小商人となると、朝のほうは納豆屋にまかせて、もっぱら夕方の受持ちだった。私たちの子ども時代に、夕方になるとやってきた豆腐屋は、落語『甲府ぃ』の「豆腐ィ胡麻入りがんもどき」なんて売り声ではなく、もうラッパを吹いていた。天秤に桶を下げて、蓋を裏がえした俎板がわりの上に豆腐をのせると、奴だの、賽の目だのと、真鍮の包丁で注文に応じて切ってくれるのだが、そのいでたちは、『和國諸職繪盡』に描かれているそれと基本的には違わなかったが、いつの間にか自転車の荷台に桶を置いたものに変って、その自転車もラッパとともに姿を消した。ひとつ町内に一軒や二軒はあった自家製の豆腐専門店もだんだんと減っていき、いまや豆腐といえばスーパーマーケットやデパート地下の食品売場のパック包装のものが主流のようだ。それにしてもデパートで豆腐を買う時代が来ようとは。

小商人の手を借りるまでもなく、奴でも賽の目でも簡単に自分で切れる。それも俎板など使わずに掌にのせて、包丁を使うのが本寸法などと言われたものだ。久保用万

太郎の、

手にのせて
豆腐きるなりけふの月　万

とある色紙を所蔵している。アメリカ帰りの大平和登に赤坂の辻留でご馳走になった折、辻留ご主人の辻義一から頂戴したものだ。これも藤森成吉がくださった蜀山人の、

千早振神田まつりの豊年の
いねとかりつる亀の尾の山

の短冊とともに、いずれしかるべきところで額装してもらうつもりで、まだ果たしていない。

豆腐の切り方の奴と賽の目だが、奴はともかく、惣菜の菜で「国語辞典」の表記に

豆腐
カレ

もそうある菜の目と書いていたが、その語源がともに江戸時代の槍持奴に共通する衣裳の紋所からの連想で、小型のものは賽の目と書くのがほんとうと知った。なるほど、賽の目の出具合に一喜一憂した手合にも好まれたはずの豆腐の切り方には、こちらのほうがふさわしい。

「豆腐は、漢の高祖の孫准南王劉安（西紀前一二二没）の創製」と本山荻舟『飲食事典』にあるように、どんなものの本をひらいても、豆腐は中国からの渡来食品で、奈良時代遣唐僧によってもたらされたと書いてある。大の豆腐好きだったと伝えられる、八代将軍徳川吉宗の時代に急速に普及して、本場中国をはるかにしのぐ製品ができるようになったという。

自ら香港病患者と称してはばからなかった神吉拓郎の手引きで、いったい何度返還前の香港を訪れたことだろう。無論目的は美味探求にある。そんな香港漫遊の折、私のたっての希望で沙田の競馬観戦をスケジュールに加えてもらったことがあった。香港には九龍側の沙田と、香港島のハッピーバレーに、本場英国式の芝コースをそなえた素敵な競馬場がある。

このときの香港ツアーは、神吉拓郎、品田雄吉と私、それに京都の某出版社の副社長とカメラマンをかねた編集者の一行五名で、じつを申さば、神吉、品田、私の三人共著による『香港漫遊記』なる本づくりのための、航空会社、旅行代理店、香港観光局などとタイアップしたスポンサーづきのものだった。美味ばかりでなく、映画、競馬、ショッピング、クルージングと、香港の魅力をあますところなく伝えようというこの企画、結果のほどは執筆にあたるべき三人が三人ともに、帰国後一枚の原稿も書くことなく、とうとう実現しなかった。とっくに時効みたいなものだが、良心的な出版社として知られたその書肆も倒産の憂き目にあっているし、神吉拓郎も、同行した副社長もすでに彼岸のひとである。

豆腐のはなしになんでまた実現しなかった香港漫遊記の顛末が出てくるかなのだが、競馬場のある沙田は、水がいいのだろうか香港きってのいい豆腐でも知られるところだという。競馬観戦を終えての晩餐は、地元のひとの案内で沙田の豆腐料理と対面というなりゆきだったのだ。

その沙田の豆腐料理。それぞれ中国風の凝った味つけがされていて、豆腐の美味さのバリエーションを存分に楽しんだのだが、ほとんどスープ状になった一品を供されたとき、ひと口味わった神吉拓郎が、

「これが『随園食単』にある『楊中丞の豆腐』ですね、多分」
と、食卓にある献立表に記された料理名をたしかめながらつぶやいた。
西のサラヴァン、東の随園と称された中国清代の食通詩人袁枚の『随園食単』は、これも岩波文庫になっている青木正児の『華国風味』とともども中国料理に関する格好の参考書で、珍しいもの、美味いものにありついたときすぐに調べられるよう手近なところに置いてあるのだが、ひと口しただけでその出典を明らかにした読書家としての神吉拓郎の才智に、それこそ舌を巻かされた。帰国して忘れないうちにと、すぐに『随園食単』をひらいてみたら、ありました「楊中丞の豆腐」。

　嫩豆腐を用い、湯煮して豆の臭気を去り、鶏の汁に入れ鮑魚《あわび》の薄片と一緒に数十分間煮て、糟油と香蕈《しいたけ》を加えて鍋をおろす。鶏汁は濃くせねばならぬ、魚片は薄きを要する。

「嫩豆腐」と「糟油」には「注」があって、それによると嫩豆腐は豆腐乾という硬い豆腐に対する語で、軟らかい豆腐のことだが、「軟かいといっても日本のより硬」

くて、「ノントウフウ」とルビがふってある。糟油のほうは、酒の糟から取った一種の調味料で、『随園食単』の別項の「注」には、甜糟《あまかす》、胡麻油、上等の塩、山椒などをまぜあわせて密封し数ヶ月かける製法が記されていて、「甚だ甘美で」「陳《ふる》けば陳《ママ》いほど佳い」という。

思い出した。沙田の豆腐料理、ほんものの豆腐を使って甘みをおさえたデザートの杏仁豆腐が絶品でした。

さて連日猛暑の晩酌に毎度毎度供せられる冷奴だが、私が木綿ごしに固執するのはあくまで好みの問題である。だいたい凝固しかかった豆乳を、更に凝結させて豆腐化するため寄せ槽に汲み移し、上から布端をおおい軽く圧石するため表面に布目がつくのが木綿豆腐で、寄せるとき圧石しないから布目のつかないのが絹豆腐とのことで、豆腐そのものに絹も木綿もないとは、毎度お世話になっている本山荻舟のお説だ。

いかに違いはないとは申せ、ひとの好みは無視できない。それに東の木綿好み、西の絹好みという伝統的な気風は、いまなお厳然と存在しているようだ。時たま訪れる京都の名刹には、湯豆腐を供する茶店があって、もとよりきらいでないから、般若湯ともども箸をつける仕儀になるのだが、その箸の先からすぐにこわれて、なんともたよりない。昆布出汁の効いた上品な湯豆腐を前に、こいつを木綿で喰ってみたいといつも思う。下品と言われるのは覚悟の上だ。

絹が上品で木綿を下品とする東西間の感性のちがいにはかなり根の深いものがあるようで、『近世風俗志』のタイトルで岩波文庫化された『守貞謾稿』の「豆腐」の項に、こんな記述が見える。

今制、京坂、柔らかにて色白く味美なり。江戸、剛《こわ》くして色潔白ならず、味劣れり。しかも京坂に絹漉《きぬごし》豆腐と云ふは、特に柔らかにて同価なり。きぬごしにあらざるも、持ち運びには器中水を蓄へ、浮かべて振らざるやうに携へざれば、忽ち壊れ損ず。江戸は水なくても崩るゝこと稀なり。

さらにこの記述は、東西の豆腐の形状から価格の面にも及んで、

京坂小形なり。京都一挺以下売らず。大坂半挺も売る。一挺価十二銭、半挺六文なり。

江戸は大形なり。豆腐製箱、竪一尺八寸、横九寸なり。これを用ひ製して、十挺あるひは十一挺に斬り、一挺五十六文あるひは六十文に売る。四半挺よりこれを売るなり。焼豆腐・油揚豆腐ともに五文なり。

『守貞謾稿』の著者喜田川守貞は、一八三七(天保八)年には深川に家を持っていたと言われるが、江戸に定住したのは三十一歳で本姓石原から北川姓を継いだ一八四〇年以降で、生まれは一八一〇(文化七)年六月大坂である。商売上のことで、江戸、大坂をさかんに往来したことでもあり、江戸文化と上方文化の狭間を生きたひととして、風俗文化への傾斜のしかたで心情的に、微妙にゆれ動いた気配を、豆腐に関する記述からもうかがうことができるとするのは、ちょっとばかし考えすぎかしら。かつて江戸人は、

ほととぎす　自由自在にきく里は
酒屋へ三里　豆腐屋へ二里

と田舎の不便をたとえてみせたが、このうた一方でほととぎすの風情よりも、酒と豆腐の手近な暮しのほうを貴重とする、都会人の実感に基づいてもいる。

この「酒屋へ三里　豆腐屋へ二里」といううたの文句をそのままエッセイ集の題名に使った作家もいるが、かねてからその出典が気になっていた。この機会にと頁をひらいた鈴木棠三『新版故事ことわざ辞典』（創拓社）と、『日本古典文学大辞典　簡約版』（岩波書店）のおかげでわかった。

ひと声は丸ではきかぬほととぎす
　半分夢のあかつきのころ

の辞世を残して一七九六（寛政八）年に没した狂歌師頭光《つむりのひかる》の作になるもので、天明狂歌の代表的名吟として人口に膾炙した。

「酒屋へ三里　豆腐屋へ二里」が天明の名吟ならば、久保田万太郎の、

湯豆腐やいのちのはてのうすあかり

は、まさに昭和の名吟と言っていい。

一九六二年師走、恒例の銀座百点句会の席で投句されたもので、同席していた戸板康二が、「何とも形容しがたい絶唱である」と書いている。

晩年の暮しにやすらぎを与えてくれた伴侶、三隅一子の不慮の死に万太郎がうちひしがれていたときの作で、句会出席者のほとんどがその変事を知っていただけに、嘆声を放ったという。その五ヶ月後、久保田万太郎は招かれた梅原龍三郎邸の新築祝いの席で赤貝を誤嚥して急逝するだけに、それに「先立つ辞世のような気がしないでもない」と、これも戸板康二が記している。

ふぐ

岩波の『現代用字辞典』では、ふぐの漢字表記が河豚になっている。『広辞苑』と『大辞林』は、ほかに鰒の表記もあり、『大辞林』には河豚がいわゆる熟字訓の類であることが示されている。「歳時記」の類も大方は河豚だ。

愛用している本山荻舟『飲食事典』には、鰒とともに魨《とん》とも書くとあり、「いずれも豚のごとく肥大するとの意」としている。

この際だから、河豚の漢字表記の歴史的考察というのをしてやろうと、『和漢三才図会』（東洋文庫）をひらいたら、河豚に、ふぐ、ふくべ、ふく、とルビが三つふってあり、音の読み方をホウトオンとしてある。ほかの漢字表記に、吹吐魚《すいと》　嗔魚《てん》　鮭《けい》〔魚規《き》も同じ〕　鯸鮐《こうい》　鰗鮧《こい》　気包魚《きほう》と異字が列記され、〔和名は布久。布久閉ともいう〕とある。

本稿を書くにあたっては、一般的な河豚を用いるべきところだろうが、どうもカワブタとも読めるあの表記が好きになれないので、ここはいっそ平仮名の「ふぐ」に統一することにした。

牡蠣は英語でRのつく月がシーズンの伝でいくなら、ふぐは彼岸から彼岸まで。無論はじまりは秋の彼岸で、やはり真冬のころがいちばんふさわしい。そのふぐを食べそこなった年などあると、次の冬の訪れが格別に待ち遠しい。あるひとが国難とまで言った猛暑がつづき、秋をとばしていきなり冬に突入した感のある二〇一〇年から一一年にかけては、記録されるべきふぐの年になる予感があった。

子どものころから、ふぐが食べられるので冬の来るのが楽しみだったなどとぬかす輩がいたならば、鼻もちならない気障な言い草で、そんな奴とはあまりつきあいたくないと思っていた。ところがその鼻もちならない連中が、大阪というより関西圏にはごまんといるのだ。と申すより、そんな連中ばかりが集まってるのが関西生活圏なのである。そんな事実を目の当たりにしたのは、やはりカルチャーショックだった。

初鰹に血道をあげる江戸っ子を、「あないなもののために女房質に置く」と軽蔑してきた関西人にとっては、高級魚中の高級魚と東京人の考えるふぐも、ごくふつうの冬になると食べられる魚にすぎないので、鯵や秋刀魚と扱いにおいてはほとんど同じなのである。東京人としてはいささかくやしい思いもあるのだが、こればっかりはし

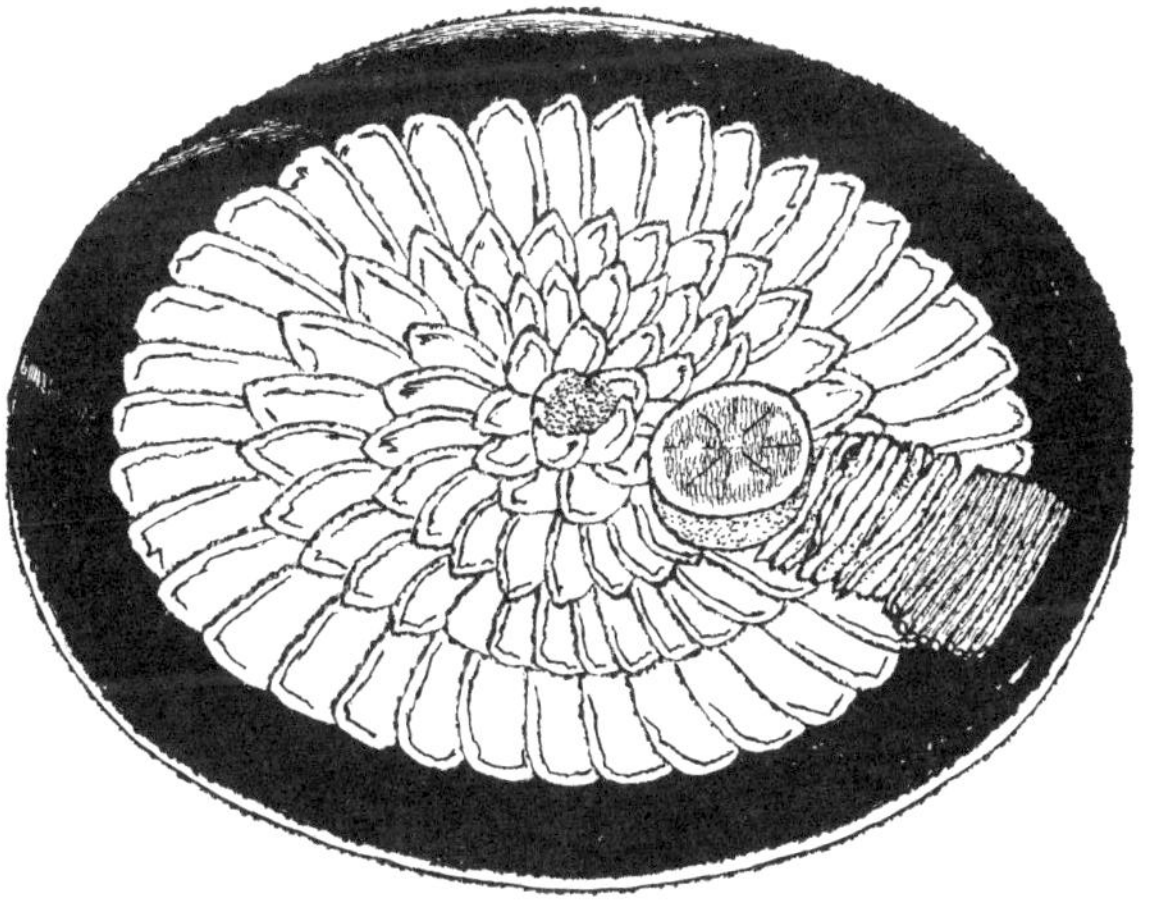

かたがない。

東海道新幹線が開通する以前、大阪に出かけるのは一仕事だった。羽田から航空機に乗るという贅沢もあったが、たいていは六時間かかる特急か、東京を夜発つ寝台列車を利用したものだ。

その時分の大阪の繁華街、なかでもミナミと平板なアクセントでなく頭高で呼ばれる一劃は、東京のどんな盛り場でも得られない雰囲気があったように思う。たまたま冬の季節に訪れたときなど、あちこちに「てつ」と筆太に書かれた赤提灯さげた店が目についた。

「てつ」が、ふぐのことをふくとにごらずにいう大阪独特の別称であることを知り、それが「よくあたる」ことから、鉄砲の略だという洒落っ気に感心した。そして、そのてつ表記の赤提灯やなかには凝ってふぐ提灯かかげた店舗のいずれもが、居酒屋風の安直なところであることに、ふぐといったら少しばかし敷居の高い店でないと口にできないものと、きめこんでいた東京人にはカルチャーショックだったという次第なのである。あの当時とくらべると東京でも、大阪なみとはいかないまでも、ずいぶんとふぐが食べやすくなった。

ふぐにあたって死ぬらくだと呼ばれる無頼漢の出てくる落語『らくだ』を演らせて絶品だった大阪の六代目笑福亭松鶴に、黒門市場の「てつ」の看板かかげた店で、ふぐをご馳走になったことがある。けっして安直でない、大阪ではむしろAランクに位置するはずの小体な店だが、気取りというものがまったくない。湯気の立ちこめた土間にテーブルが無雑作にならべられ、多勢の客が酒くみかわしながら、ふぐちりならぬてっちりつついている喧噪にみちた光景のなかに、高級魚であるはずのとらふぐが自然にとけこんでいくあたり、さすが喰いだおれの大阪に恥じないものがある。

この夜、多少なりと心得があると先方が思って、「どないでっしゃろ」と私に差し出した松鶴の句だ。口ではてつと言いながら、てつでは俳句にならないと考えたのだろう、季題になっているふぐ鍋で詠んでいる。藝人らしさのあふれたいい句だと褒めたのは、無論ふぐをご馳走になったからではない。

衛生管理がいきとどき、特別の試験に合格した調理師しか扱えないとあって、ふぐにあたった事故もあまりきかなくなった。

　ふぐは喰いたし、生命は惜しし

とか、

　いざゆかんふぐ喰いあたるところまで

なんて覚悟を必要とした時代が、最近までたしかにあった。

「歳時記」をひらいてふぐの句をさがしても、このさかなをびくつきながら食したり、最初から逃げ腰になっているものが少なくない。あの芭蕉や蕪村もこのこわごわ食べた口だと見え、

ふぐ汁や鯛もあるのに無分別

といったんは詠んでみた芭蕉も、

あら何ともなやよべのふくと汁

と思いきってふぐを食べたことを告白している。蕪村は蕪村で、

ふぐ汁の我活きている寝覚哉

と詠んでいる。

てつ
てつ
てつ

江戸時代の俳人は、ふぐに対してやはり特別の句境を感じたらしく、

世の中や月に村雲ふくに毒　闌更
ふく食はぬ奴には見せな不二の山　一茶
ぬす人の追《おい》ともいはんふくの銭　去来
死にたきといふ人食はぬふくとかな　守水
ふく汁にまた本草のはなしかな　其角

などが目につく。
この傾向は二十世紀にはいっても変りがないようで、文豪幸田露伴に、

子を持つて河豚の仲間をはずれけり

なる句があるし、「俗流ノ手ヨリ俳句ヲ奪還シ」と宣言した日野草城には、

男の子われ河豚に賭けたる命かな

と勇んでみせた句がある。かと思うと、東京帝国大学卒の医学者中田みづほにして、

河豚食ふたとて偉くなるものでなし

とふてくされてみせる。

テトロドトキシンとよばれるふぐの毒素は、卵巣、肝臓、血液中に含まれていて、これさえ除けばあとの部分はすべて料理に適するという。専門の調理師によって除去された毒の部分は、施錠したポリバケツに納めて処理される。

某スポーツ新聞のグルメ記者の案内で、亡き神吉拓郎ともども向島のふぐ料理屋の調理場に面したカウンターで、トラふぐの活魚一匹さばくのを見せてもらったことがある。ほんとうは殺して二日たったくらいがいちばん美味いふぐの活魚をさばくのは、結構うでがいるそうだ。ふぐは獰猛だから、俎板の上の鯉のようなわけにはいかない。七転八倒暴れまくるのを手にすると、もうひとつの手にある出刃包丁の背中を、ゴツ

ンと頭に一発お見舞するのだ。これで気絶したところを一気にさばくわけだが、それにしても感心したのは一匹のふぐをさばくために使われる水の量だ。湯水のごとくとはよく言ってくれたもので、水道管からほとばしる水をかけつづけ、それこそ血の一滴まできれいに洗い流すのだ。

一九二六年というから、ふぐにあたって死んだひとのけっしてめずらしくはなかった時代だが、九州の巡業先で仕出屋から取りよせたふぐを食べて頓死した大相撲の小結福柳は、美男力士だったこともあって、かなりあとあとまで話題になったようである。あとあとまでというのは、子どものころ、ふぐを食べてきたというひとに、「福柳にならなくてよかったね」と父であったか母であったかがはなしかけていたのを覚えているからで、私は一九三五年生まれだから、十年以上もたっている。

あたったひとへの治療法も相当に荒っぽかったようで、裸にして半身土中に埋めるなんてやり方が通用していて、落語家の三代目三遊亭金馬もそんな体験者だときいたことがある。そんな療治に、科学的な根拠があるのかどうか知る由もないが、裸になった大の男が、土のなかから首だけ出して、じっと解毒を待っているの図なんて、想像するだにユーモラスなものがある。そんな、生き恥さらすとまで言えそうな、けっして名誉あるとは言い難い格好が、ただただ美味いものを喰いたいという、じつに単純素朴な欲求を充たした果てであることが、すこぶる人間らしくてほほ笑ましく、そして少し哀しい。

ふぐのために生命を落したひとのはなしとも縁遠くなった時期だっただけに、八代目坂東三津五郎丈の事故死は衝撃的だった。美食家としても知られた大和屋が、出すのを禁じられているきもを四人前たいらげたのだという。出した京都の料亭は、たしか営業停止になったはずである。あれからもう三十六年にもなることに、いまおどろいている。生命と引きかえてまで美味いものを食べたい欲求に殉じたのは、べつに三津五郎丈に限ったことでなく、条令で禁じてない地域もあって、表沙汰になることなくふぐの中毒で死ぬケースは、いまでもあとを断たないそうだ。ふぐ喰いの決死隊である。

ふぐの美味さというものは実に断然たるものだ——と、私は言い切る。これを他に比せんとしても、これに優る何物をも発見し得ないからだ。

こう断言してのけたのは孤高無頼の達人北大路魯山人である。

北大路魯山人――人物事典風にこのひとの肩書を記せば、陶藝家、書家となるのだろうが、稀代の食通としても名が高い。食道楽を自認し、一九二五年東京日枝神社境内に高級料亭星岡茶寮《ほしがおか》を設立、自ら調理にあたった。政財官界の名士たちが贔屓にし、たまたま来日中だったチャップリンも訪れている。魯山人が陶藝家として名をなすのは、星岡茶寮で客に供する食器を作陶したのがきっかけと言われる。自尊心が人一倍強く、終始一匹狼を貫き、重要無形文化財の認定を辞退というより拒否している。

魯山人作の皿で、ふぐ料理のなかでもいちばん調理人の腕が問われるとされている刺身を食べるなどは、最高の贅沢と言えるだろう。ただでさえ切りにくい三枚におろした精肉を、包丁の峰を左に倒し加減にしながら、刃の付根から手前に引いて薄くつくるのだ。ならべられた刺身を通して、浮き出す皿の模様を愛でながら食べるのがふぐ刺の醍醐味だ。

ふぐ刺は皿ばかりかと近目《ちかめ》言い

一九五九年、ニッポン放送の公開録音中に脳出血に倒れた落語家春風亭柳枝の句だが、柳枝自身強度の近視だったから、実感だったかもしれない。

ふぐ刺もいいけれど、やはりふぐちりまでいかないことにはふぐを食べたとは言えない。と書きながら鍋料理のことをなぜちりと言うのかが気になって、『広辞苑』『大辞林』『飲食事典』にあたってみたが、いずれも「鍋料理のこと」として、材料や煮たて方にまで具体的に言及しているものの、語源にはふれていない。こんなとき頼りにしている山口佳紀編『暮らしのことば　語源辞典』をひらいてみたら、ありました。「新鮮な切り身を熱い汁の中に入れると、その身がちりちりと縮むことからの命名」というのだが、ほんとかネ。この辞典では、「幕末から明治にかけて、刺身を食べない西洋人が熱湯につけて食べたのが始まり」としている。

さてそのふぐちりだが、土鍋よりも庶民的なアルミ鍋のほうがふさわしいという。昆布を入れた水を煮立て、昆布を引あげたあと、ふぐのあら、切身を入れ沸騰したらば泡をすくい、具を入れる。具は豆腐、白菜、下ゆでした大根、椎茸などだが、欠かせないのが香りの強い春菊。火が通ったところで、青ネギと紅葉おろしを加えたポン酢で食べる。おしまいは残った汁での雑炊だが、ごはん、ネギ、溶きたまごで、あくまでシンプルに仕あげたい。何度食べても、ふぐにまさる雑炊はないとほんとうに思う。雑炊の王様である。はっきり言って、ふぐ刺も、ふぐちりも、雑炊前のセレモニーなのである。

酒はひれ酒に限る。最初に切り落としたひれを、強火で焦げ目のつくくらい焼いたのを、厚手のコップにいれて、熱燗の酒を注ぎこむ。このときマッチでアルコールをとばすむきもあるが、あの熱燗にする酒は不思議とむかしは二級酒と称したような安酒があうのだ。このひれ酒だが、本山荻舟センセイに言わせると、「初手から注文するのは邪道」だそうで、最後の一杯をこれでしめるのが、「本筋と同時に効果的」なのだそうだ。お説ごもっともという気もするが、ふぐにむかったときの酒ばかりは、たとえ邪道と言われても本筋や効果を、私は無視する。

わが師戸板康二に、

門司の潮下に来ている河豚の宿

という句があるが、ふぐの本場は関門地方と言われるようになったのは意外に新しく、明治以降のことだそうだ。幕末期にふぐを愛好した長州藩士が、維新後宣伝にこれつとめたのだと言われる。下関のふぐと言っても、高級品は瀬戸内海西部で獲れるとらふぐや、周防灘の姫島のものが多いという。品質の面から見るならば、房総半島を中心とする東京湾内外のとらふぐもかなり良質美味だというから、ふぐは西の魚という定説にこだわることもなさそうだ。そうは言っても、これは『飲食事典』の受け売りで、この名著の初版刊行は一九五八年だから、昨今の東京湾事情にはあてはまらないかもしれぬ。

北大路魯山人をくりかえすまでもなく、ふぐはほんとうに美味いと思う。筆舌につくし難いほどの美味さというのが過言でないと思うふぐだが、そのふぐを実際に口にしているときよりも、慕っているときの気持になんとも言えないものがある。秋ぐちにはいって肌寒さなどを覚え、「ああそろそろふぐが喰える」と期待に胸ふるわせているときが、いちばん楽しい。

じつを申すと、いまがちょうどそんな楽しい時期なのである。いつもやろうと思いながら果たしていない、刺身を鍋にひたすしゃぶしゃぶ風の食べ方に、こんどはぜひトライしようと思っているのだ。

ビール

私立高校の三年になったばかりだったから、一九五二年春先のことだ。

一応有数の受験校だったから、ほとんどの友だちが大学受験の準備にかかって、俄然真面目生徒に変身していたのに、類は友を呼ぶのたとえで、相も変らず学校帰りに、映画だ、芝居だ、寄席だ、ジャズコンサートだと、肩鞄下げたままでの盛り場彷徨にうつつを抜かしているグループが、ちゃんとあった。そんなグループのひとりが、昼休みに、

「きょう、いったん家へ帰ってから、制服を脱いで銀座に出てこい」

と誘いをかけてきた。あきらかに悪事をたくらんでいる顔つきだったが、一も二もなく応じた。どんなたくらみなのか、期待にちょっとばかし胸がふるえた。

セーターに着がえて、約束の時間に約束の場所まで行くと、その友だちがいやに大人っぽく見えるジャンパー姿で待っていた。

約束の場所というのは、学校帰りの銀ブラでは必ずのぞいた、七丁目あたりの西側

にあった、カワセという毛皮屋かなにかのいちばん奥にある、小さな古切手屋だった。中学生のあいだに切手蒐集趣味が流行っていて、ただでさえ乏しい小遣い銭をやりくっては、安くてきれいな外国切手など買い求めていたのだ。ときにはいろんな切手をケースから出させるだけ出させておいて、一枚も買わないなんてこともあったが、そんな子ども相手に薄荷パイプくわえた店の主人は、いやな顔ひとつしなかった。制服から着がえた、いつもとはちがう格好のふたりに、古切手屋の主人は悪だくみを感じたらしく、ただにやにやとうす笑いをうかべてたのを覚えている。

古切手屋を出た足で、火点しどきのすずらん通りを無言のまますすんでいく悪友のあとを追ったのだが、行きついた先が交詢社ビル一階のビヤホール、ピルゼンだったのには、少しばかりおどろいた。さらにおどろいたのは、店内にすでに数人の級友がジョッキなど前に気取っていたことである。みんな下町から通ってくる、学校の成績のきわめて良くない連中である。私が山の手である点だけ除けば立派な同類項だ。

高校の、それも三年ともなれば、ひそかに酒をやっているのがいることも知っていたし、私だってうちで少しぐらいのんだこともある。だが、こう大っぴらにビヤホールに出入りしているのがいるとは思いもしなかったから、やはりびっくりした。もっ

ともびっくりしたのは一瞬で、すぐ雰囲気にはなじんだし、なんだかいっぱしの大人の仲間入りができたような気がした。
　生まれて初めてのんだ陶製のジョッキに注がれた生ビールの、壜ビールとはまったくちがったやわらかい喉ごしに感嘆したのもさることながら、つまみにとったこれも初めて口にした、ロール・モップスにしびれた。いらいしばらく生ビールにはロール・モップスという頭が根づいてしまったように思う。
　そんなことより、いつもしている映画や芝居やジャズのはなしが、ビールのジョッキを前にしただけで一段とはずむのを知った。それだけ映画や芝居やジャズのはなしに興じながら、文学談義がほとんどなかったのは、この不良グループの下町組に文学青年がいなかったからだろう、多分。かなり大きなジョッキが、意外なはやさで空になることにもおどろいたが、おかわりをたのもうとする私を制して、誘いこんだ友だちは、

「もう一軒はしごするから、それだけにしておけ」

と言った。

言われるままに、ピルゼンのならびだったように覚えている新世界なる大衆酒場に場所を移して、お銚子一本あけた。初めて銀座で酒をのんだことで気持のほうはかなり昂ぶっていたものの、さして酔っぱらうこともなく、自分が意外に強いことを知って、悪い気がしなかった。

交詢社が新しいビルに生まれ変るため、取り壊されるまでピルゼンは昔のままの姿で営業をつづけていたが、大衆酒場の新世界はその後ほどなく姿を消したようで、足踏み入れたのはあとにも先にもこのとき限りだった。なのにこの店のことをはっきり記憶してるのは、およそ大衆酒場らしからぬ新世界という店名の印象が強かったから

だろう。いかにも銀座ならではのネーミングだと思った。

それから四十三年もたった一九九五年に、劇団民藝が小幡欣治作『熊楠の家』を上演した。世界的民俗学者南方熊楠を描いた傑作だが、二〇一一年二月十七日不帰の人となった作者と親しかったかかわりもあって、上演する前からこの巨人についていろいろと教えられたことが多かった。そのなかに、熊楠の親類筋の造り酒屋で、新世界という銘柄の清酒を出している事実もあった。いかにも銀座らしいと高校生を感心させた店舗名は、斬新な清酒の銘柄がらみだったのだろう。

ひそかなる銀座の酒宴への誘いは、それからも何回かあったのだが、受けなかった。行きたいのはやまやまだったのに、先立つもののやりくりがどうにもつかなかったのだ。映画も観なければならないし、本も、レコードも買いたいものが沢山あって、ときにというよりじつにしばしば家から持ち出した大切な小遣いを、とても酒などにまわすわけにはいかなかったのである。誘いに応じることができないとなると、あのジョッキを前にした小生意気なはなしあいが、世にも高尚な藝術論であったような気がしてきて、行けばよかったと、そのつど落ちつかない気分になったものだが、とうとう一度だけの機会に終わった。

なんとか高校を卒業させてもらったものの、受けた大学は全部落ちた。勉強そっちのけで遊びほうけていたのだから当然の結果で、べつに落ちこむこともなかった。それより、誰に気がねすることなく大っぴらに酒ののめるのが有難かったし、嬉しかった。

その時分は例のトリスバーが全盛で、一杯三十円のストレートか、四十円のハイボールを塩豆つまみに、ポケットのなかの残りの小銭と終電車の時間を気にしながら、ちびちびのむのだ。

最近はあまり足踏みいれないが、いまなお健在の新宿西口の思い出横丁や、もう跡かたもなくなった東口の和田組マーケットの、屋台に毛の生えたような店では、もっぱら焼酎だった。焼酎といっても、昨今ブームを招いているような高級なものではなく、カストリの異名をもつ粗悪品で、小皿にのった厚手のコップで出されるのだが、悪臭をさけるため、梅かぶどうのエキスを加え、梅割、ぶどう割と称して、一杯三十五円が相場だった。

ことのついでに当時の大衆酒場の酒の値段のおおよそを記しておけば、清酒では二級のコップ酒が五十円、これが一級となると徳利にはいって七十円。特級酒もあった

ホッピー
ビール

はずだが、のんだ記憶がないからわからない。百円札一枚あればたいていの酒にありつけた時代に、ビールときたら一本二百円したのである。もちろん壜ビールで、生ビールはそれこそピルゼンのようなビヤホールまで出かけなければありつくことができず、昨今のようにどんな居酒屋でも小さな生ビールのタンクをそなえつけてるわけではなかった。

そんなわけで、高級品だったビールをのむのは、よほどふところ具合のいいときに限って許される贅沢だった。いま思い出したが、若くして世を去った声優の雨森雅司は、天才バカボンのパパ役で売り出す前の貧乏時代、焼酎ばかりのんでいた。滅法強くて、何杯のんでも酔うことがなかった。それがたまたまビールをご馳走されると、一本か二本でぐでんぐでんに正体をなくしてしまうのが、なんともおかしかった。

かれこれ二十年ほど前のはなしだ。

昼下り、名の知られた蕎麦屋に若い編集者とはいって、とりあえずビールを注文した。王冠のついたままのビールをテーブルにはこんできたその店の従業員が、お仕着せのポケットから栓抜きを出すと、手際よく王冠をはずしてふたりのグラスにビールを注ぐと、あとの注文をきいて去っていった。

ごく自然な、きわめて日常的な営みの一齣に思える光景に、連れの若い編集者は新鮮なおどろきを感じたらしく、

「ビールを、栓のまま持ってきたので、どうするのかと思いました」

と言うのである。

二十年前、すでにビールの栓は客の前で抜くという習慣は失われていたことになる。昨今、学生や若いサラリーマンが、連れだって居酒屋で勝手な気焔をあげているのを、見るともなしに見ていると、彼らは好きな酒を好きなようにのんでいる。そこには、のむ酒の値段に対する配慮があまりない。ビールも焼酎もまったく同じ扱いなのだ。気がついたとき、世のなかがそれだけ豊かになったということだろうが、豊かになって、ビールの栓は必ず客の前で抜いてみせた習慣がなくなった。

ついでに言うなら、その栓を抜くときみんながみんな栓抜きで王冠をチョンチョンと軽くたたいてから、おもむろにはずしたのが、なんとなくセレモニーじみていたけれど、あれは単なるおまじないか、それともある種の効果があったのか。その蕎麦屋の従業員が、むかしなつかしいそんな抜き方をしたかどうか、残念ながらそこまでは見とどけなかった。

秋山安三郎であったか、安藤鶴夫だったか、いずれにしてももう彼岸の劇評家の大先達が、なにかの舞台評でこんな指摘をしていた。

料亭の座敷で、仲居が客にビールを持ってくる。その小道具のビールの栓が、あらかじめ抜いてあったというのだ。「いい座敷では、客に栓を抜いてあるビールを出すようなことは絶対にしない」というのだ。おそらく芝居のなかのビールをのむ場面に、ほんものを用いることのできない事情があって、ビールの空壜にビールに見える液体をいれて使用したのだろうが、それならそれでふたたび栓をして、それを舞台で抜く手間を惜しんではいけないというのが、批評の主旨であったように覚えている。いかにもむかし気質の劇評家ならではの指摘だと言っていい。

じつを申すと、くだんの蕎麦屋でその若い編集者に指摘されるまで、ビールの栓は客の目の前で抜くものというならわしを、こちらもきれいに忘れていたのだ。と言うことは、栓の抜かれたビールをはこばれても、まったく気づくことなくのんでいたことになる。たまたまそうした習慣をかたくなに守っている店にはいって、そのことに新鮮なおどろきを感じた若いひとがいたから思い出したようなわけで、ふだんなに気なくやっていた行為やしぐさが、いつの間にか特殊なそれになってしまっている例は、世のなかにいくらもあるだろう。

ビールの栓を客の目の前で抜く習慣が失われたように、そのビール壜にはかまをはかせて出すところも少なくなった。と言うよりほとんどなくなって、コースターと称する紙や布でできた下敷状のものにとって代えられたようだ。古道具屋の店先に、泰西名画風の図案の描かれたビール用のはかまが置かれていて、結構なお値段がつけられているのを見るにつけ、なにごとも合理を尊ぶ現代人には考えもつかなかった無駄な贅沢を、ついこの間までみんなが楽しんでいたことを思い出す。ビールと言えば即缶ビールと疑わない世代には、とうてい理解されないはなしだろう。

その缶ビールだが、はじめのうちはどうにも馴染めなかった。馴染めなくって、いちいちグラスに移してのんでいた、と言うよりいまでも自分の家でのむときはそうしているのだが、ときと場所によっては缶からじかに口に流しこむほうがふさわしいばあいもある。新幹線のなかがそうだ。

旅に出たときばかりは、お天道様の高いうちからアルコールを口にしてよしとするのが、私の言ってみればきめしきみたいなもので、そのきめしきの手はじめが新幹線といわず列車内での缶ビールになるケースが、どうしても多くなる。あればっかりは、グラスに注いでのむのは似合わない。できることならアメリカ人よろしく、小壜をラッパのみしたいところだが、あいにく列車内では小壜もなにも、ビールは缶しか売っていないのだからしかたがない。

醸造したままで、加熱殺菌しないのが生ビールで、加熱殺菌して壜や缶に詰められたラガービールと区別されてるわけだが、ピルゼンで初めて口にして、ラガーとちがったその美味さに驚嘆した時代には考えられなかったくらい、生ビールは手近になった。ラガービールよろしく壜や缶入りの生ビールが発売され出して久しいし、小さなタンクをそなえた居酒屋でも簡単にのめるとあって、生ビールの有難味も薄くなった。

だがしかし、生ビールはビヤホールに限ると思うのだが、どうだろう。壜や缶の生ビールは、冷したジョッキに注ぎなおしてなお、ほんものとは似て非なる味だし、タンクの大きさのちがいによるのか、居酒屋の生ビールというのも、もうひとつもの足りない。

ちょっとした打合せなど、昼間の仕事をすませたあと、夜の芝居を観るまでに時間のあいてしまうことがままある。いったん家に帰って出直すにはせわしないし、映画を観て時間をつなぐのもいいが、近ごろの映画館は入替制がもっぱらだから、いい夕イミングに恵まれることがあまりない。そんなとき、迷わすビヤホールにはいることにしているのだが、これはなかなかいい選択である。昼下りのビヤホールには、いつもの活気に充ちた喧噪さが信じられないくらい静寂な空気が支配している。ひとり読みかけのミステリのページをひらくのに、これ以上格好な場所はない。

そんな空気にひたりながら、ひと息ついてふと目を転ずると、片隅であきらかに定年退職した年金生活者らしいのが、美術展帰りなのか、パイプくゆらしながらぶ厚いカタログに見入ったりしている。この国の経済成長を担う戦士だった時代には、とうてい許されず望むべくもなかった至福の時間に、こころゆくまでひたっているかにうつる。

こうした風景にふれて、とうとう宮仕えすることなく、というよりもできなかったのをいいことに、自分勝手な、ふつうのひとにとっては禁忌ばかりを冒しながら、この年齢まできてしまった、わが肩身のせまさに恥いる気持の生じる一瞬が、まったくないわけでもないのだが、すぐに忘れて、ジョッキのお代りなど命じると、ふたたびミステリの世界に没頭するのだ。

あとがき

国立演芸場の小冊子に連載した『落語食譜』を、青蛙房が一冊にまとめてくれたのは、一九九二年六月だった。

このときの「あとがき」に、食味の研究家でも、まして食通なんかであるわけもない身が、食べものについて書くという大それたことをしてしまった理由を強いてあげれば、「やはり旨いものが好きだから」としか言いようがないと書いている。

それから十年後の二〇〇二年九月に、『落語長屋の四季の味』と改題のうえ文春文庫化されたときの、「文庫版あとがき」には、落語食譜に「ながやのくひもの」とルビをふりたいという願いは、コンピューター管理されている出版物の配本業務に齟齬をきたしかねないとの理由から果せなかったが、改題によって多少とも思いが達せられた気分だと書いた。かつての長屋暮しに見る、粗末で貧しい食生活が、こんにちの目で見れば、かえって贅沢このうえもなくうつるとも書いた。

季刊雑誌「四季の味」に四年間連載した『昭和の味散策』を、『昭和食道楽』と夕イトルを変えて白水社が上梓してくれることになったが、私の念とするところは、前述したふたつの「あとがき」に記したのと、まったく変りはない。
連載中から楽しい挿絵でかざっていただいた唐仁原教久さん、いろいろとご足労かけた「四季の味」編集室の藤田晋也さん、白水社の和氣元さんのお三方には、深謝の気持でいっぱいである。

二〇一一年　五月盡

矢野誠一

発出＝季刊「四季の味」（ニューサイエンス社）二〇〇七年七月〜二〇一一年四月

著者略歴

一九三五年東京生まれ。

文化学院卒。

芸能・演劇評論家。菊田一夫演劇賞、読売演劇大賞選考委員。

主要著書

「志ん生のいる風景」（青蛙房）

「女興行師吉本せい」（ちくま文庫）

「都新聞藝能資料集成　大正編・昭和編（上）」（白水社）

「落語手帖」（講談社）

「エノケン・ロッパの時代」（岩波新書）

「昭和の藝人　千夜一夜」（文春新書）

他多数

昭和食道楽

二〇一一年七月　五日　印刷
二〇一一年七月二〇日　発行

著者 ©　矢《や》野《の》誠《せい》一《いち》

絵 ©　唐《とう》仁《じん》原《ばら》教《のり》久《ひさ》

発行者　及川直志

印刷所　株式会社　三秀舎

発行所　株式会社　白水社

東京都千代田区神田小川町三の二四
電話　営業部〇三（三二九一）七八一一
　　　編集部〇三（三二九一）七八二一
振替　〇〇一九〇―五―三三二二八
　　　郵便番号一〇一―〇〇五二
http://www.hakusuisha.co.jp

乱丁・落丁本は、送料小社負担にてお取り替えいたします。

松岳社 株式会社 青木製本所

ISBN978-4-560-08150-1
Printed in Japan

矢野誠一

都新聞藝能資料集成

大正編

明治十七年創刊、芸能界、花柳界などで特に愛読された異色の新聞「都新聞」から、艶やかな大正時代の芸能記事を取り上げ、時代の面影や古き良き東京の姿をたどる第一級の歴史・風俗資料集。

矢野誠一

都新聞藝能資料集成

昭和編(上)

ひたひたと迫る未曾有の冬の時代と対峙しながらも、いつに変わらず軟らかでしなやかな都新聞固有の視線と色彩を、著者ならではの抽出と解説で描く、「大正編」に続く待望の資料集成。

小沢昭一

日本の放浪芸

芸能のありかを探るために半生をかけて採録をつづけ、CD二十五枚、DVD三枚にまとめた畢生のドキュメントを、約二百ページの貴重な写真とともに、あますところなく活字化!

小沢昭一

放浪芸雑録

風のようにやってきて風のように去っていく大道・門付の諸芸と芸能者の姿を四十年にわたって採集し、芸による身すぎ世すぎのありかを求めつづけてきた著者の、日本の放浪芸探索の旅。

小沢昭一

ものがたり芸能と社会

大好評を博した放送大学での講義を基に、芸能と芸能者の社会的な意味と存在理由を、著者ならではの放浪芸探索の成果を背景にしながら、職業的芸能者の視点から体系的に書き下ろす。